伝説のプレーヤーが直伝

ゴルフの真髄

本條 強

日本経済新聞出版

まえがき

タイガー・ウッズをはじめとするアメリカのゴルファーたちが今もなぜ強いのか。それはアメリカ生まれの選手であるボビー・ジョーンズが１９３０年に４大メジャー大会を１年間に制覇するグランドスラムを達成し、また同じアメリカのウォルター・ヘーゲンが全英オープンに４勝したりと、世界を席巻してきた英国のゴルフを破り、米国ゴルフを世界一にのし上げたことが発端です。

それ以来、アメリカはツアートーナメントを開催してゴルフを活性化させ、アメリカの選手たちは国の威信を賭けてメジャー大会を制覇していきました。特に球聖ボビー・ジョーンズが始めたマスターズはサム・スニードやジャック・ニクラウスといったアメリカのスーパースターを誕生させました。全米オープンは世界に誇る選手権に育ち、このタイトル奪取を子供の頃から憧れて戦ってきたベン・ホーガンやトム・ワトソンらに栄冠を与えました。さらにはアーノルド・パーマーはマスターズや全米オープンの覇者になるだけでなく、当時威信を失っていた全英オープンに敢えて出場して2連勝を成し遂げ、その伝統に再び光を当てたのです。

アメリカの選手たちはいつの時代も素晴らしいプレーと人間性と試合におけるドラマを生み出したことで、ゴルフを魅力溢れるスポーツとして世界中のスポーツ好きに愛されるよう努力してきました。この伝統は20世紀から脈々と受け継がれ、タイガー・ウッズが今世紀最高のスターとなって、世界のゴルフを盛り立てているのです。

タイガー・ウッズは、ベン・ホーガンやジャック・ニクラウスなど、過去のアメリカのスーパースターたちのゴルフをしっかりと学び、それを自分の血となり肉としています。過去の選手を大事にしているところにアメリカゴルフの伝統が今も息づいているのです。

本書はそうしたボビー・ジョーンズから始まったアメリカの選手たちの技と人間性にスポットを当て、そこからゴルフの真髄を抽出し、我々のゴルフの糧になるよう構成しています。存分にお楽しみいただければ幸いです。

２０２１年５月

本條　強

目次

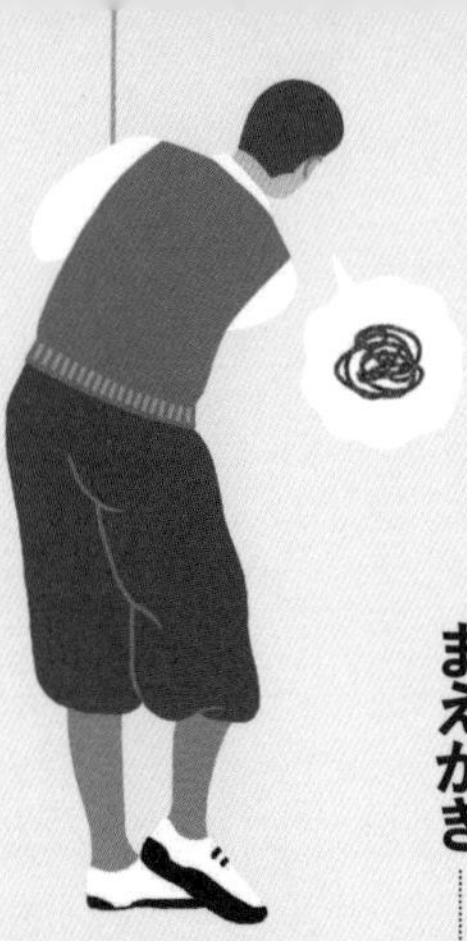

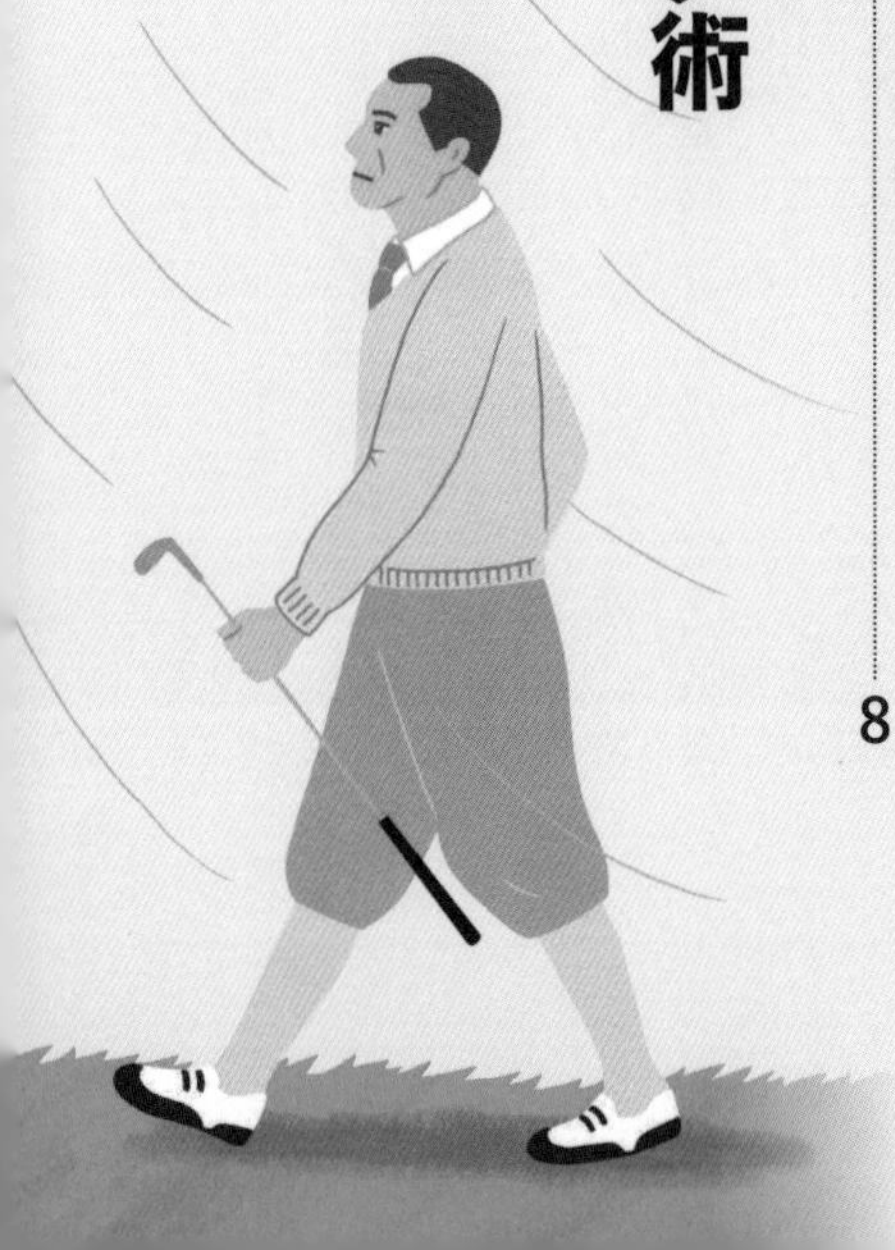

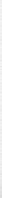

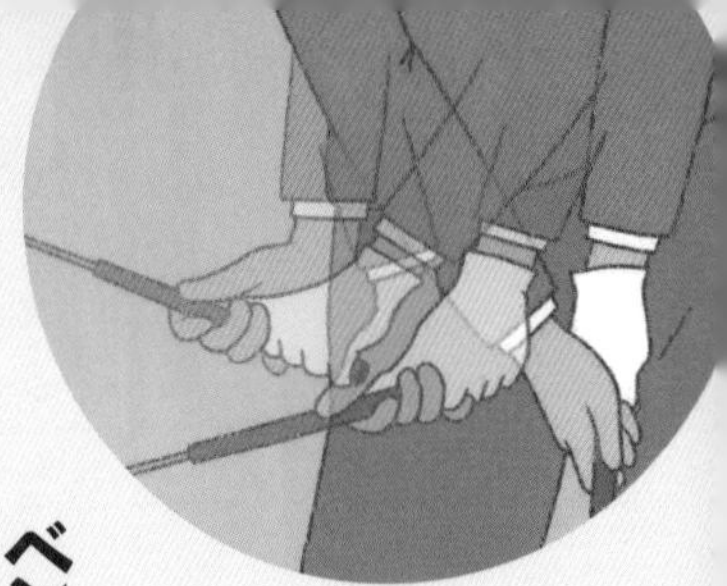

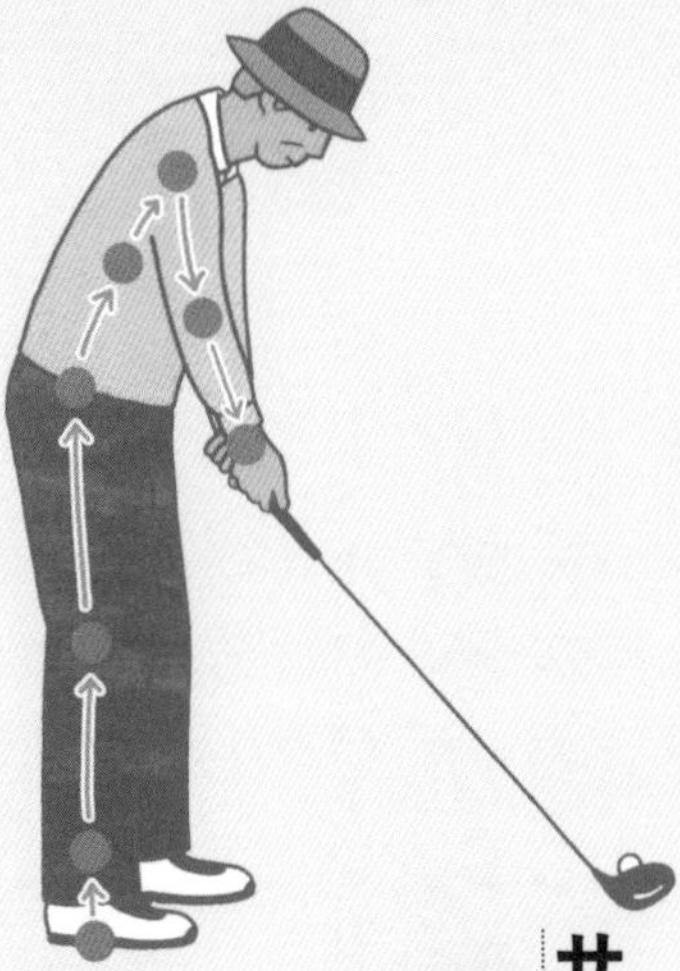

Ben Hogan
Golf Note

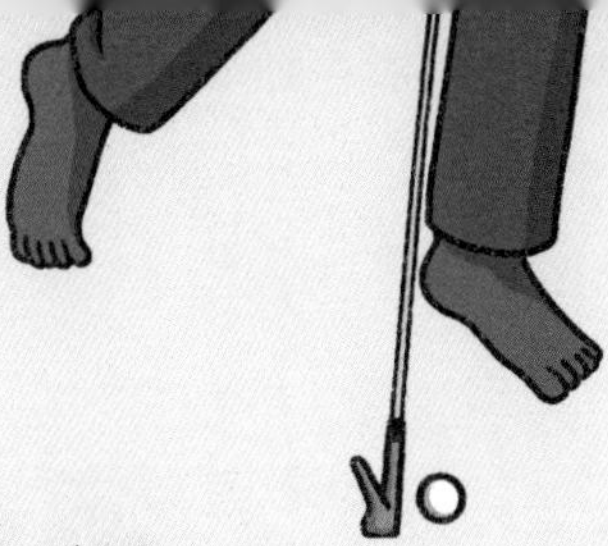

Bobby Jones

ボビー・ジョーンズ

永遠の叡智 スコアメイク術

1930年に全米・全英オープン、全米・全英アマを制し、史上初めて年間グランドスラムを達成、28歳の若さで引退したボビー・ジョーンズ。球聖と呼ばれた彼は'34年にマスターズトーナメントを創設した。天才と呼ばれながら長い間メジャー大会に勝てなかったことが、彼を強く逞しくした。ジョーンズが会得したコースで悔いなくラウンドするための重要な事柄を選りすぐって紹介してみたい。

Bobby Jones

本名はロバート・タイヤー・ジョーンズ。1902年ジョージア州生まれ、1971年69歳で亡くなる。14歳で全米アマに初出場して天才少年と言われるが、メジャー初優勝は7年後の1923年の全米オープン。メジャー優勝は全米オープン3回、全米アマ5回、全英オープン3回、全英アマ1回。1930年に史上初の年間グランドスラムを達成し、28歳の若さで引退。その後、オーガスタナショナルGCを造り、マスターズトーナメントを開催。

1 ゴルフは「オールドマンパー」が相手、彼と長い旅をする忍耐が必要なのだ

ボビー・ジョーンズは1902年、ジョージア州アトランタ郊外にあるイーストレイクGCの脇にあった家で育ち、5歳のときから庭でゴルフ遊びをするようになった。

成長するやコースでプレーするようになり、地元ジョージア州の大会に大人たちを破って優勝するなど活躍、14歳で初めてメジャートーナメント、全米アマに出場した。ペンシルベニア州メリオンGCで開催されたが、天才少年の名は大会前から轟き渡っていた。

この大会でジョーンズは準決勝で敗れてしまったが、近いうちには勝利をものにできるだろうと思われた。ところが、それから7年間もメジャー大会に敗れ続けたのだ。

「彼は最高のショットメーカーだが、勝つことはできない」

そう揶揄されたのはジョーンズが安全なゴルフを嫌い、癇癪持ちでもあったからだ。19

歳で出場した全英オープンでは大叩きの末にスコアカードを破り捨てて棄権、同年の全米アマではミスショットからクラブを叩きつけて、そのクラブが女性に当たり負傷させてしまったのだ。出場停止処分となったジョーンズは大いに反省、ゴルフには忍耐が必要だと痛感するのである。

「ゴルフとは我慢することだ」

21歳になり、ようやく1923年にインウッドCCで行われた全米オープンに優勝、徐々に戦うべき相手が誰だかわかってくる。

「戦う相手は『オールドマンパー』である。常にパーであがれるゴルフ名人。その名人、『オールドマンパー』と長い戦いの旅をしていく忍耐が必要なのだ」

こうしてジョーンズはパーを基準としたゴルフを展開、破竹の勢いで勝利をものにしていく。全米オープン4勝、全米アマ5勝、全英オープン3勝、全英アマ1勝。1930年、前人未踏のグラウンドスラムを達成し、28歳の若さで引退してしまう。

ジョーンズにとっての「オールドマンパー」は、アベレージゴルファーにとっては「オールドマンボギー」である。ボギーおじさんを相手に忍耐強くプレーし、勝ち抜くことが肝心なのである。

己の実力を知り、謙虚に忍耐強くプレーする

ゴルフでは完璧はないのだから、謙虚にプレーすることである
つまり、安全にプレーすることが一番なのだ

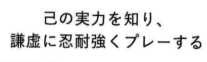

ボビー・ジョーンズ

最初に叩いたときこそ
ミスを使い果たしたと思え

最初に叩いたら、もうミスは
使い切ってしまったと思うこと
もうこれ以上の悪いことは
起きないと開き直ることです

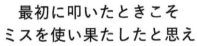

2

己の実力を知り、謙虚に忍耐強くプレーする

いくら上手なプレーヤーでも完璧なショットを打つことはほとんどない。誤差は必ずあるといってよい。

ボビー・ジョーンズは言う。

「子供の頃に上手な大人を負かしたからと言って、周囲は私を天才少年のように讃えたが、まったくそんなことはなかった。どんなに上手なゴルファーでも、ゴルフというスポーツには完璧はあり得ない。ミスはするし、完璧に思えたショットでも誤差は出る。つまり天才などゴルフではあり得ないし、そんなことを思ったら不遜である」

ジョーンズは21歳になるまでメジャータイトルを手にできなかったことでそのことを痛感するのだ。

「ゴルフは自然を相手にするのだから、突然突風が吹いてとんでもないところにボールが飛んでしまうこともある。ナイスショットがディボットの中にすっぽりとはまり込んだり、ラインに乗ったパットがスパイクマークによって外れてしまうことだってある」

天才だったとしても、予期しえないどうしようもないことが起きるのがゴルフなのである。天才も天災に勝ることはできない。

「ゴルフで完璧はないのだから、謙虚にプレーすることだ。つまり、安全にプレーすることが一番なのだ。例えば、ドッグレッグホールではショートカットは狙わない。バンカーのすぐ上にあるピンは狙わない。1打1打、大事に丁寧にプレーする。ストロークプレーであれば、大叩きは簡単には取り返せないのだから、尚さら慎重にプレーすることだ」

さらにゴルフでは謙虚にプレーする意味が問われる。

「自分の実力を思い知り、実力以上のプレーはしないことが肝心だ。実力以上のプレーは、無謀なプレーになる。たまに成功することがあったとしても常に成功することはありえない。だから実力相応のプレーを心がける。そうして忍耐強くプレーを続け、チャンスが巡ってきたときだけ果敢に攻める。バーディを狙いに行くのだ」

ゴルフとは「慎重でありながらも果敢であれ！」なのである。

3

最初に叩いたときこそミスを使い果たしたと思え

謙虚なゴルフをすることが大事だと言っても、スタートホールから叩いてしまうとそうした気持ちも吹っ飛んでしまいやすい。

ボビー・ジョーンズは言う。

「出だしでつまづいてしまうと、忍耐強くチャンスを待つということをすっかり忘れてしまいかねない。失ったストロークをすぐに取り返したいと躍起になってしまう。その結果、自分の実力以上のことをやろうとする。無謀なプレーをし始めてしまうのだ。ますますミスを重ね、取り返しのつかないことになってしまう」

遂には気持ちがぶち切れて、捨て鉢になり、ベストスコアを望んでいたのに、ワーストスコアを喫してしまうことになるのである。

「取り返しのつかないことになってしまったゴルファーを何度も目撃しているのに、自分を振り返るといっこうに教訓として受け止めておらず、自らもあれよあれよという間にそうした自制心のないゴルフになってしまう。わかっていても止められないからゴルフというスポーツは恐ろしい。どんどん泥沼にはまってしまうのがゴルフなのである」

だからこそ、最初が悪かったときにどう対処したら良いかをゲームが始まる前に考えておく必要がある。良いゴルフばかり望んでプレーをスタートするから茫然自失してしまうのだから。

「最初が悪かったときは、まだまだ先は長いと考えておくことです。だから慌てない。こつこつとプレーしてどこかで悪い流れを止め、徐々に良い流れにしていくことです」

慌てず騒がず、落胆せず、粘り強くプレーする。他に方法はないのであり、ゴルフは18ホールプレーし続けなくてはならないのだ。

「最初に叩いたら、もうミスは使い切ってしまったと思うこと。もうこれ以上の悪いことは起きないと開き直ることです。そして、最初に叩くほうが最後に叩くより、よっぽど結果が良くなるというゴルフの不思議な法則を信じることです」

最初に叩くとがっかりするのは確か。でもそれを忘れて楽しくゴルフをやることなのだ。

4

ベストスコアを出したかったら、ゴールを考えずに目の前の1打に集中する

ボビー・ジョーンズは14歳のときに74のベストスコアを出した。その後、彼はこのスコアを破ろうと懸命にプレーするが、2年間も破ることができなかった。

「2年の間に最終2ホールをパーで回れば74どころか70も切れると思ったことが最低でも4回はあった。しかし、あがってみればベストスコアを更新することはできなかった。ベストスコアで回ることは優勝することと同じくらい難しいものだと知った」

なぜジョーンズはベストスコアを更新できなかったのか。それはベストスコアが出せると思った途端、スコアを意識してプレッシャーがかかってしまったからである。

であれば、スコアは意識しないこと。ベストスコアが出ると思ったときはスコアのことは忘れ、目の前の1打に集中することだとジョーンズは悟ったのである。

このことができるようになって、ジョーンズはベストスコアを更新でき、多くの大会に優勝できるようにもなった。

「良いスコアをキープすることは、悪いスコアを挽回することよりも難しい。それは試合で首位を守り通すことが難しく、逆転することのほうが精神的に楽であることと同じである」

首位にいれば逃げ切りたいと自分を縛り付けてしまう。首位を追いかけるほうは、負けて元々と開き直ってプレーできる。

人間には心がある。最終ゴールを思い描いてしまうのは当然のこと。ベストスコアというゴール、優勝というゴール。誰もが良いゴールを夢見る。しかしゴールを夢見た瞬間に儚い夢と消えてしまうのである。

我々アマチュアには100の壁があり、90の壁、80の壁があると言われる。スコアを意識した途端に、壁に阻まれる。乗り越えられずに何年もかかってしまうことがある。しかし、壁を乗り越えたときは往々にしてスコアを意識せずにプレーしたときである。

ならば、常にスコアのことは意識しない。目の前の1打だけに集中することである。

ベストスコアを出したかったら、ゴールを考えずに目の前の1打に集中する

常にスコアは意識しない
目の前の1打に集中する

ボビー・ジョーンズ

良いスコアを維持するには それを続けられると信じること

ヘーゲンのように心の強い者は
良いことは次も続くはずと思える
本当はそう思えて当然なのだ

5

良いスコアを維持するには それを続けられると信じること

　アベレージゴルファーがある日、ずっとパーが取れたりする。1つ取れたと思ったら、次も、さらにその次も取れたりする。そんなとき、このような良いことはそうそう続くわけがないと思ってしまう。そして、そう思った瞬間に崩れ始めてしまうのだ。

　それは上手な人でもバーディが続けば、同じように思ってしまう。そんな良いことはそうは続かないと。つまり、良いことが起き続けるとなぜか不安になるのである。それはゴルファーの性であろうか。ボビー・ジョーンズも同様だった。

　ところが、ジョーンズのライバル、ウォルター・ヘーゲンは違っていた。

「ヘーゲンは連続バーディを出したあと、さらにバーディが取れると思っている。そして、本当にバーディを取ってしまう。それが彼の強さなのだ」

ヘーゲンはジョーンズに比べてスイングもショットも良くなかったが、あがってみたらバーディを奪い、優勝してしまう。上手くはないがとても強い選手だった。ヘーゲンのゴルフを見て、ジョーンズは思い知る。

「良いゴルフをしているときに、悪いことを考える必要などどこにもないはずだ。ミスが出るのではないかなど不安に駆られるのは、心が弱いからに他ならない。ヘーゲンのように心の強い者は良いことは次も続くはずだと思える。本当はそう思えて当然なのだ」

ジョーンズはヘーゲンの強い心を知って以来、良いことは続くはずだと思えるようになった。それは、自分を疑うよりも信じることのほうが大事だということがわかったからである。

「ゴルフでは自分だけが頼りである。そんな自分を自分が信じてあげられなくてどうする。ひらすら自分を信じること。信じ切ることが最も大事なことなのです」

とはいえ、ミスの多いアベレージゴルファーはそんなふうにはとても思えないだろう。しかし、ジョーンズなら次のように言うに違いない。

「自分を信じてあげれば、ミスが少なくなることは間違いない。自分を疑う気持ちが大きなミスを招くのだから」

6

自分のタイミングを見つけ、それをコースでも実践すること

上手になろうとしたら、誰でも練習場でボールを打つことだろう。当然、上手く打てるときと、ミスをするときがある。ミスをすればスイングをあれこれ考えてしまうことになる。ジョーンズはそんなことは無駄な時間を使うだけだと言い切る。

「ある程度ボールが打てるようになったら、スイングのことはあれこれ考えない。スイングはそもそもその人が生まれながらに持っているものです。だから自分のスイングでタイミング良くボールをとらえればいいだけなのです」

つまり、スイングは個性的なものであり、それを生かしてナイスショットを繰り出せば良いと説く。自分のスイングでドローが出るならそれで良し、フェードが出るならそれで良しというわけだ。

問題はスイングのタイミング。ナイスショットを打てるタイミングを身につけよ、というわけである。

「ナイスショットのタイミングは、ナイスショットしたときにわかるはず。ナイスショットをしたときのタイミングを忘れずに、このタイミングだったなと思い出して身につけること。それがあなたのナイスショットのタイミングなのです」

ナイスショットのタイミングは人それぞれ違う。速いテンポの人もいれば、遅いテンポの人もいる。だから誰も教えることはできない。自分で身につける以外に方法はないのだ。

「自分のナイスショットのタイミングを練習場でつかんだら、それをコースでもできるようにする。コースでは目の前のボールはたった1回しか打てないから緊張もするだろうけど、ナイスショットのタイミングを思い出してそれを素振りで行う。何度か素振りをして、これなら上手く打てると確信してからボールを打つこと。そうすれば、コースでもナイスショットが自然に打てるものです」

もちろん、コースではスイングの形や軌道などのことは一切考えない。良いスイングも悪いスイングもないのである。あるのは自分のスイングだけ。それをナイスショットが出るタイミングで行うことなのだ。

7
コースでは決して打ち急ぎをしない。スイングは徐々にスピードを上げる

アベレージゴルファーがコースで上手くボールを打てないのは、打ち急ぎに原因があるとジョーンズ。

「私が見るところ、スコアで90以上を叩く人の、100人のうち99人が、100回のうち99回は打ち急いでいる」

それほどアベレージゴルファーは打ち急いでいるというのだ。

「自分のタイミングで打てれば、何の問題もなくナイスショットが放てるはずなのに、自ら壊してしまう。コースではボールを飛ばしたい気持ちが涌き起こってしまうだろうが、自分がナイスショットできるタイミングを思い出して、ボールを打って欲しいのです」

とはいえ、それができないからアベレージゴルファーである。どうしたら良いのか。

「打ち急いでしまうのは、利き手の右手を使い過ぎているからです。飛ばそうとすれば、どうしても右手で強く叩こうとしてしまう。ですから、右手はゆるゆるにしておいて力を入れず、左手主体でクラブを振ることです」

さらにジョーンズは言う。

「テニスで言えばフォアハンドで打つのではなく、バックハンドで打つ要領です。左肘を伸ばした左腕を、左肩から引っ張ってきて、左手の甲でボールを打つようにするのです」

左手リードのスイングでボールを打てというわけだ。

「左右の手のリストは打つ寸前までほどかない。多くのアベレージゴルファーはトップからすぐにリストをほどいてしまいますが、それでは良いスイングにはなりません。左手リードのスイングで、左手のリストをぎりぎりまでほどかずに打ってみてください」

それを実現するにはトップからゆっくりと打ち出し、ボールに向かって徐々にスピードを速めることだとジョーンズは言う。

「これを練習場でたっぷりと練習して、リストをほどかない術を身につけることです。そうすれば、レイトヒッティングができるようになり、ゆったりとしたスイングでも上手く打て、飛ばせるようにもなります」

コースでは決して打ち急ぎをしない スイングは徐々にスピードを上げる

トップからゆっくりと打ち出し、
ボールに向かって徐々に
スピードを速めること

ボールを打つ前に集中して
チェックポイントをすべて見ておく
ボールのライ
芝の状態
傾斜
目標
ハザードやOBなど
危険なエリア
風
最適なクラブを選択
＋
ミスしても
大丈夫な目標

8
ボールを打つ前に集中してチェックポイントをすべて見ておく

ボビー・ジョーンズは「ゴルフほど集中力を要するスポーツはない」と断言する。そして、集中力を欠いたプレーはつまらないミスを犯し、それが大きな痛手となって悲惨な結果を招くと忠告する。

「ゴルフは長時間を要するゲームです。ですからその間ずっと集中しなさいと言っても無理な話です。上手な人は打つときにしっかりと集中する。まずはボールのライを見る。芝の状態、傾斜など。次にどこに打つべきかという目標です。このときにハザードやOBなど危険なエリアをしっかりと確認する。さらに風です。アゲンストかフォローか横風か。こうしたことを総合して鑑みて、最適なクラブを選択し、ミスしても大丈夫な目標を定め、弾道を決め、自分のタイミングで素振りをし、アドレスの方向を正しくとって素振り通りのスイングでボールを打つのです」

　これがジョーンズの言う集中したショットである。つまり、ボールを上手く打つだけでない、その前にチェックポイントをしっかり確認してこそ集中していることになるのだ。

「ところがティショットをドライバーでフェアウェイセンターにナイスショットし、ピンは花道の上、しかも風を感じないという絶好のケースのときに集中力を欠いてしまいやすいのです。つまり、いろんなことを気にしなくて上手く打てそうで、ミスしてもたいしたことにはならないといったときです。こういうときにスイングに集中せずに打ってしまい、大きくダフったりトップしたり、思いも寄らない曲がりを招いて大ピンチに陥ったりするのです」

　そうしたことは本当に多い。何も考えずに打ってしまうことが良くあるものなのだ。

「ゴルフではどんな状況でも打つときに決して気を緩めてはいけないのです。やさしいショットなど一度もないと思って気を引き締めることです。簡単に思える状況でも、難しいショットを打つときのようにライに気を配り、グリーン周りや風などをチェックする。不注意によるミスは技術的な原因でミスをしたときよりもよっぽど後悔します。立ち直るのに時間を要するからです」

Walter Hagen

ウォルター・ヘーゲン

世紀の伊達者が贈る勝利のゲーム術

優勝以外には価値はないと勝利にこだわり続け、
自分の価値を最高に上げ、名声を欲しいままに獲得。
試合では常に大立ち回りを演じ、観客を引きつけ、
スターとして君臨、プロとしての生活を成立させた。
プロとは何か、何をすべきかをわきまえ、
スイングやショットにこだわりをもたず、
ひたすらゲームすること、優勝するための
スコア作りに精力を注いだ。彼のゲーム哲学を学ぼう。

Walter Hagen

1892年12月21日生まれ。アメリカ・ニューヨーク州生まれ。愛称はヘイグ。7歳のときにロチェスターCCのキャディとなり、19歳でクラブのヘッドプロとなる。'14年に全米オープン初優勝、'19年に2勝目。全英オープンは'22年に初制覇、その後3回優勝。全米プロは'21年に初優勝し、その後4回優勝。PGAツアー通算45勝は歴代8位。メジャー11勝は歴代3位。当代随一の伊達男であり、観客を魅了したエンターテイナー。

1 体調は万全である必要はない。悪いくらいが緊張せずにリラックスできる

メジャーを11回も制したヘーゲン。最初のメジャー制覇は22歳のとき。人生2度目の全米オープンだった。このときはプロ野球からもお呼びがかかっていたが、前年に初挑戦で2位タイになっていたことから、メンバーが経費を負担してくれて挑戦することにした。ところが、大会前夜に高級レストランでロブスターと牡蠣を食べて食中毒になってしまう。

「七転八倒の苦しみで、医者に診てもらっても治らず、明け方には立てないくらいだった。スタートできないかと思ったが、直前に飲んだアスピリンが効いて何とかプレー。ティショットは右に左にと曲がりラフに入ったが、リカバリーショットとパットで何とかパーを取っていった。そうしたら、68のコースレコード。トップに立った」

ゴルフとは摩訶不思議なスポーツとヘーゲンは悟る。その後はステーキとジャガイモの

普通の料理を食べ、72ホールを終えて290の全米オープン史上最小スコアタイで優勝したのだ。

「72ホール目では2打目をグリーン左に外して、バンカー越えのショットをエクスプロージョンで打ったが大きくショート。カップまでの18mの曲がりくねったパットが残ったが、それをねじ込んで1打差で優勝した。その大会で私が放った最大かつ最高のショットだった」

ここでヘーゲンが悟ったことは勝利はパットがもたらすということ。諦めてもよいパットなどどこにも存在しないということなのだ。とはいえ、体調は最終日まで良くはなかった。

「胃痛や頭痛でショットのことなど気にしていられなかった。目の前のボールをただ打つだけ。でもそれが私をリラックスさせた。これこそが強みとなるのだ。その都度、最高のショットをするべくプレーに集中し、ショットが良ければ素晴らしいと感じ、悪ければ忘れる。どうせ、悪いショットはそこそこ出るもの。そう思ってリラックスしてプレーすれば良いのだ」

ゴルフにおいて体調は万全である必要はない。かえって、悪いくらいのほうがリラックスできるというヘーゲンであった。

目の前のボールを
ただ打つだけ
体調は万全である必要はない。
悪いくらいが緊張せずにリラックスできる

…諦めない！
出だしが悪くても諦めてはいけない。
諦めなければ、ラッキーがやってくる

2

出だしが悪くても諦めてはいけない。諦めなければ、ラッキーがやってくる

ヘーゲンほど、女神に好かれたゴルファーはいないと言われる。プロは上品でお洒落でなければならないと考え、服装は白の絹シャツ、白のフランネルのズボン、蝶ネクタイなど、パーティに出られるような装いだった。それ故に女性にモテモテ、女神さえも虜にしたとされるが、単に運が良かったわけではない。諦めない精神が運を呼び込んでしまう。

ヘーゲンは言う。

「私は2位には興味がない。常に優勝を狙っているし、優勝できる可能性が1％でもあれば、それをつかみに行く。決して勝負を諦めたりしない」

初めて全米オープンに挑戦した21歳のとき、当時世界一のスイングと言われたハリー・ヴァードンを真似て打ち、初日から上位に顔を出した。

「7歳でキャディをしたときから、もの真似上手で周囲を笑わせた。クラブで最も飛ばす男のスイングを真似て、自分のスイングを作っていった」

それだけにヴァードンのコンパクトでリズムの良いスイングを真似できた。

優勝を狙った最終ラウンド、若きヘーゲンは緊張からショットを曲げた。スタートの1番をボギー、2番ボギー、さらに3番をダボとした。

「周りはもう私が恥ずかしくて家に帰りたがっていると思ったようだが、決して諦めてなんかいなかった。持てる力をすべて発揮するつもりだった」

4番ホールはブラインドのパー4。ヘーゲンはピンが見えるところまで歩き、自分で作ったフェースの厚いマッシーを握ってピンの方向を狙った。

打球はまさに狙ったところへ飛んでいった。グリーンに行ってみると、ボールが見当たらない。何とカップに入っていたのだ。イーグルの2。5番ホールもヴァードンを真似て打ち、カップに僅か3cm手前のバーディ。6番は旗に当てるショットでバーディと、2・3・3のスコアで一気にイーブンに戻してしまった。

惜しくも13番で格好良さに惹かれてスパイクのないシューズを履いていたため、足を滑らせて大叩きをして優勝を逃したが、ヘーゲンらしいメジャー初挑戦だったのだ。

3 練習ラウンドはやらない。ゲーム開始までゴルフのことは考えない

ヘーゲンの全米オープン2度目の優勝は1919年のことだった。

「最初の優勝がフロックでないことを証明するためにも、もう一度勝ちたい」

この年のヘーゲンは好調だった。ゴルフゲームを研究し、パットは誰にも負けない優れたタッチを持つことができ、勝利への自信があった。

「スイングには興味はなかった。ゴルフというゲームは目標にボールが飛べば良いのであって、良いスイングなど必要ない。グリーンを狙うショットではピンの近くに寄せられればそれで良いのだ」

攻めるときはスタンスを広げて思い切り打ち、守るときは慎重にフェアウェイに打った。ライと風を見て、適切なクラブで適切なショットを選択できた。それが例え上手く行

かなくても、アプローチとパットが良ければパーをとれることを知っていた。

勝つためには、上手くゲームを進めることが最も重要なのであった。

「全米オープンに勝ちたかったが、だからといって早くコースに行き、練習ラウンドをするつもりはなかった。悪ければ気分が落ち込むし、良ければ期待し過ぎて本番が悪くなる」

そんなわけで、試合前、ヘーゲンは友人たちと、遊びのゴルフを他のコースで行っていた。前の晩もいつものように遅くまで宴会を催していた。

「前の晩にあれやこれや考えては不安に陥るし、頭が混乱する。ゴルフのことは一切考えず本番になってから神経をピリッとさせ、やる気十分になって、ゲームに集中することだ」

それこそがゲームが始まったときにゾーンに入る術。今ではスポーツ心理学によって解明されているが、ヘーゲンは100年も前に悟っていたのだ。

そしてこの試合は最終ラウンドでは決着が付かず、翌日、18ホールのプレーオフになった。ヘーゲンは前日、予定されていたお別れパーティに出席、夜通し楽しみ、一睡もせずにプレーオフに臨んだのだ。それも練習もせず、食堂で一杯ひっかけてである。

結果は二日酔いながら完全にリラックスしていたヘーゲンが1打差を守り切って優勝を成し遂げた。

4

敗れ去っても愚痴1つこぼさない。顔を上げ、胸を張って堂々と歩くのだ

全英オープンに4度優勝したヘーゲン。初挑戦は'20年、全米オープンチャンピオンの肩書きをひっさげて、自信満々で大型客船に乗り、優勝を狙いに行った。ところが、スコットランド特有の強風に翻弄され、53位と惨敗した。

「英国ではゴルフのプロはクラブハウスに入れないどころか、召使い扱い。英国のプロはそれに慣れていたが、アメリカ人の私は我慢できなかった。クラブハウスの正面に高級車、オーストリア製ダイムラーで乗り付け、そこで身支度をした。運転手にはポロコートを手に持たせ待たせておいた」

この行為にクラブは眉をひそめたが、ヘーゲンは大会中、ずっとやり通した。新聞記者たちはヘーゲンのプレーよりも車から降りてくる彼の洒落た服装を記事にした。それは記

事にできるほどのスコアを出せなかったからでもある。

「最初のハーフは37だったが、後半はこれまでの人生でお目にかかったことのない強風が吹き荒れた。バンカーから砂や小石が飛んでくるし、打ったボールが風に押し戻されて自分の顔に当たるところだった。そんな風の中でショットは力み、パットは強過ぎる。48と大叩きして85のスコアだった」

しかし、そのままやられはしないと2日目、闘志満々で臨んだが、結果はまたしても強風に翻弄されてしまった。最終ラウンドを終えて53位と敗れ去ったのだ。優勝したのはスコットランドのジョージ・ダンカンだったが、さほど良いスコアではなかった。

新聞記事にはこう書かれていた。

「ダンカンは試合後、勝ち誇った感じはなく、むしろ負けでもしたようだった。一方のヘーゲンは最下位から2番目だったが、自分が勝ったように顔を上げてゲームを終えた」

ヘーゲンは常に優勝を狙い、どんなにひどいプレーが続いても前を向いていた。愚痴1つこぼさず、言い訳は一切しなかった。この全英オープンでも然り。この不屈の闘争心が、優勝できなくても、近いうちに必ず雪辱し、優勝カップを抱くことになるのだ。

それこそがゴルフをする者にとって、スコアを良くするに当たり、絶対に必要なことだ。

練習ラウンドはやらない。
ゲームが始まるまでゴルフのことは考えない

敗れ去っても愚痴1つこぼさない。
顔を上げ、胸を張って堂々と歩くのだ

5

強風でのプレーの仕方を学ぶべし。アゲンストは低い球で攻める

ヘーゲンは全英オープン初挑戦に惨敗し、さらに翌年の2回目もリンクスに打ちのめされた。ゴルフの起源、セントアンドリュースに敗北したのだ。

「全英オープンのために、アメリカのシーサイドコースをいくつか巡ったが、風が吹きさらす本場英国のリンクスとは天と地の違いがあった。しかも、全英オープンを制しなければ、世界から真のチャンピオンとは認めてもらえない。それは英国のリンクスこそ、ゴルファーの真の技量が試されるからだ」

そう語るヘーゲンは強烈な風の対策を本気で講じた。全英オープンに6度優勝したハリー・ヴァードンや5度優勝のJ・H・テイラー、ジェームス・ブレードのプレーを研究した。

「ティショットは距離を得るよりも低いボールを打つこと。アゲンストの風に突き刺さる

ショットだ。セカンドショットは高くボールを上げずにピッチ&ランを多用することだ」

ヘーゲンはティを低くし、ピシャッと叩く打ち方に取り組んだ。グリーンへのショットはウェッジを封印、体とボールを近づけて低いボールを打つようにし、グリーン手前の花道から転がしてのオン。さらにはスライスとフックを覚え、横からの風にぶつけて流されないようにした。

こうしてヘーゲンは全英オープンに3年続けて3度目の挑戦を行った。1922年、ロイヤルセントジョージズ。そこには暴風雨のティグラウンドに立ち、憤然と胸を反らせ、敢然と立ち向かうヘーゲンの姿があった。

第3ラウンドを終えて2位につけたが、最終ラウンドでは13番で絶体絶命のガードバンカーに入れてしまった。速いグリーンが左に傾いており、ピンは奥。ボギーは確実だった。「優勝するにはここで4をとる必要があると確信した。イチかバチかの勝負をするしかない。ウェッジのエクスプロージョンではカップに寄せることはできない。7番アイアンでグリーンに打ち、右に落として転がすことだ」

ヘーゲンはそう決断し、実行、きっちり寄せて4をとり、1打差を付けて全英オープン初優勝を成し遂げたのだ。

6

自分のリズムで慌てず騒がず、ゆったりと。やさしいときは繊細に、難しいときは大胆に

ヘーゲンはマッチプレーのメジャー大会、全米プロに5回も優勝している。それは試合巧者であるからに他ならない。

「私は戦略家であり、心理学者である」

ヘーゲンは自らをそう言っている。競技の世界が勝負事である以上、相手の精神状態を見極めて、コースをどう攻めるかを判断する必要がある。

「ゴルフでは常に自分のリズムを保つ。心乱さず、平静心を維持し、我慢強く戦う。安全を旨としながらも勝負時が来たら一気に仕掛ける。私はそれらがすべてできる人間である」

こうした絶対的な自信が、さらなる自信となって王者として君臨することができたのだ。ヘーゲンよりも素晴らしいショットを放つ選手を次々と薙ぎ倒して勝利を収めた。

「朝起きたら、ゆっくりと身支度を調え、朝食をゆっくりと摂る。コースにもゆっくり到着して、ゆっくりと大股で歩き、時間通りに笑顔でスタートティに立てば良い。慌てたり急ぐ必要などどこにもない。自分のリズムでプレーできるようにすることが肝心なのだ」

しかし、相手はといえば、早くコースに到着し、熱心に練習ボールを打ち、今か今かとそわそわしてティグラウンドでヘーゲンを待つ。時間ギリギリまで現れないことにイライラまで高じてしまう。そうして初っぱなからミスショットをしては、もはや早くもヘーゲンの勝利が決まってしまうのだ。

相手がそれでも何とか上手くスタートでき、ナイスショットし、ヘーゲンがミスショットをしたとする。実際にそうしたことも多いのだが、ヘーゲンはリカバリーが抜群に上手い。アイアン巧者であり、様々なショットを駆使できるからだ。こうして、相手は優位に立ちながらも心的圧迫を受け、徐々に追い詰められてしまう。

「難しい状況のショットは簡単に打ち、やさしいショットは難しく打つ。それは大胆さと繊細さの使い分けであり、上手くプレーするコツなのだ」

ヘーゲンは最後の勝負どころでスーパーショットをお見舞いし、ウルトラパットを決めて、相手の息の根を止めてしまうのだ。

7

2オン2パットの4でなく、3オン1パットでも4は4

ボビー・ジョーンズはヘーゲンのほぼ10歳年下のアマチュアだったが、全米アマだけでなく、全米オープンや全英オープンにも優勝し、優美なスイングと正確なショットで人気があった。それだけに、プロのヘーゲンよりも強いのではないかと、2人の対戦を望むゴルフファンが後を絶たなかった。

ヘーゲンは巷の評価とは違い、勝てる自信はあった。

「自分のほうがスイングも悪くショットも荒れる。しかし実際は彼の正確なショットにこそ私のつけいる隙がある。彼はパットも巧者だったが、私のパットは絶好調だった」

こうして1926年にジョーンズの冬の本拠地であるサラソータとヘーゲンのパサディナのコースで36ホールずつのマッチプレーが行われることになった。

ヘーゲンはアウェイとなるサラソータから行うことを望んでいた。なぜか。

「そのほうが発憤してショットに集中できる。負けて元々だから開き直れる」

コイントスでジョーンズが勝ち、有利と思われるサラソータからとなった。

「スタートホールで私はティショットをフックし森の端、ボビーはフェアウェイ中央へ素晴らしいショットを放った。私は難しい2打目をグリーンに乗せただけ。ボビーは早くもチャンスとみて、ピン目がけて打ったが、グリーンオーバー。無意識に力が入ったのだ」

こうしてヘーゲン4、ジョーンズ5。前半はヘーゲンが3アップとした。

「ボビーが最初からリードすれば波に乗る。それだけは阻止したかった」

後半はジョーンズが素晴らしいショットを放ってもパットが決まらずパー、一方、ヘーゲンはパーオンできなくともアプローチとパットでパーを拾う。

「2オン2パットのパーも、3オン1パットのパーも、パーであることに変わりはない」

こうしたゴルフでヘーゲンはジョーンズにリードを一度も許さず、徐々に追い詰めて8アップで最初の36ホールを終え、もはやジョーンズにはアウェイのパサディナでの逆転は不可能、12&11の大差でヘーゲンが勝利した。

「パット数で私はボビーより遥かに良かった。その結果が勝敗を決したのだ」

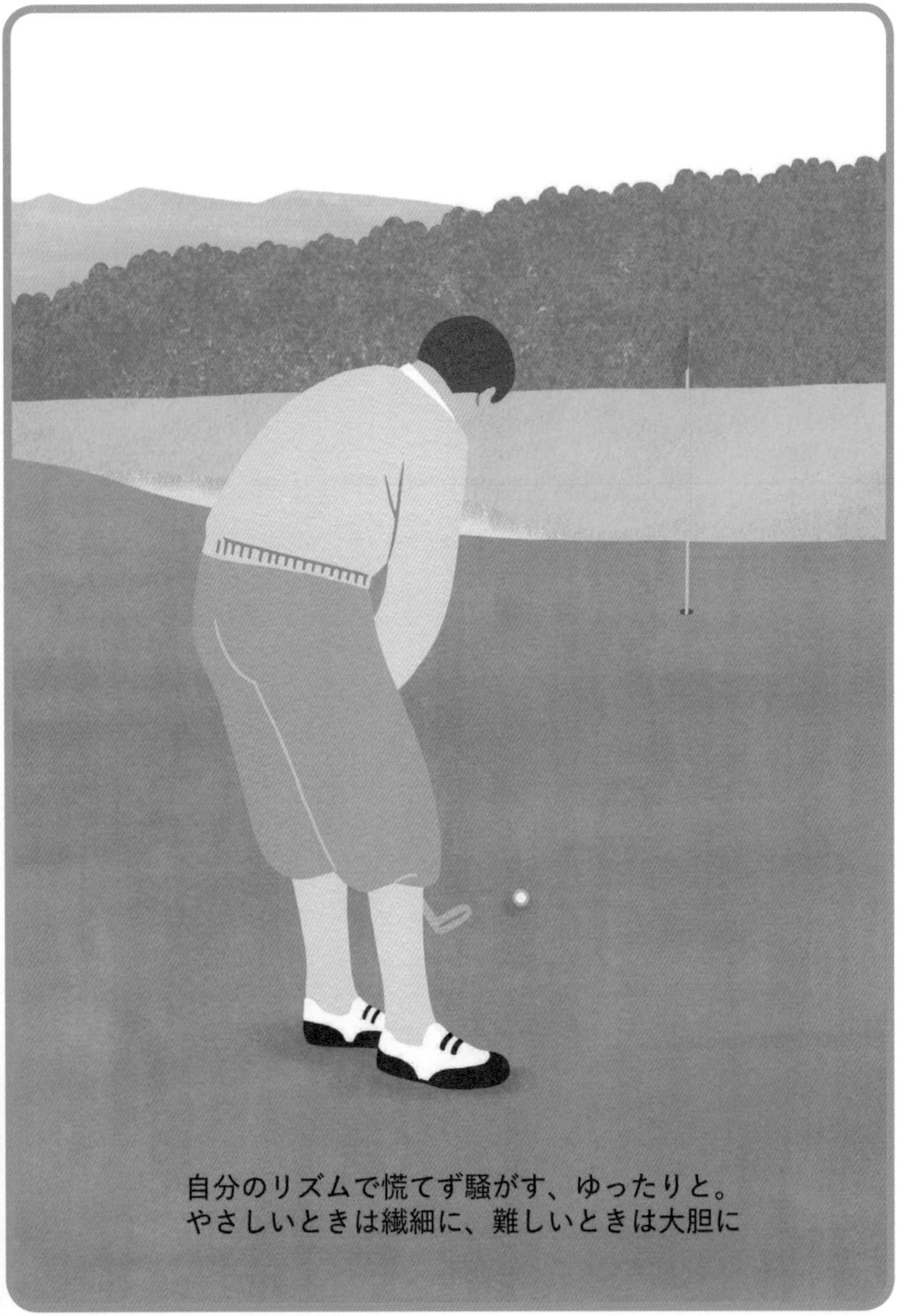
自分のリズムで慌てず騒がす、ゆったりと。
やさしいときは繊細に、難しいときは大胆に

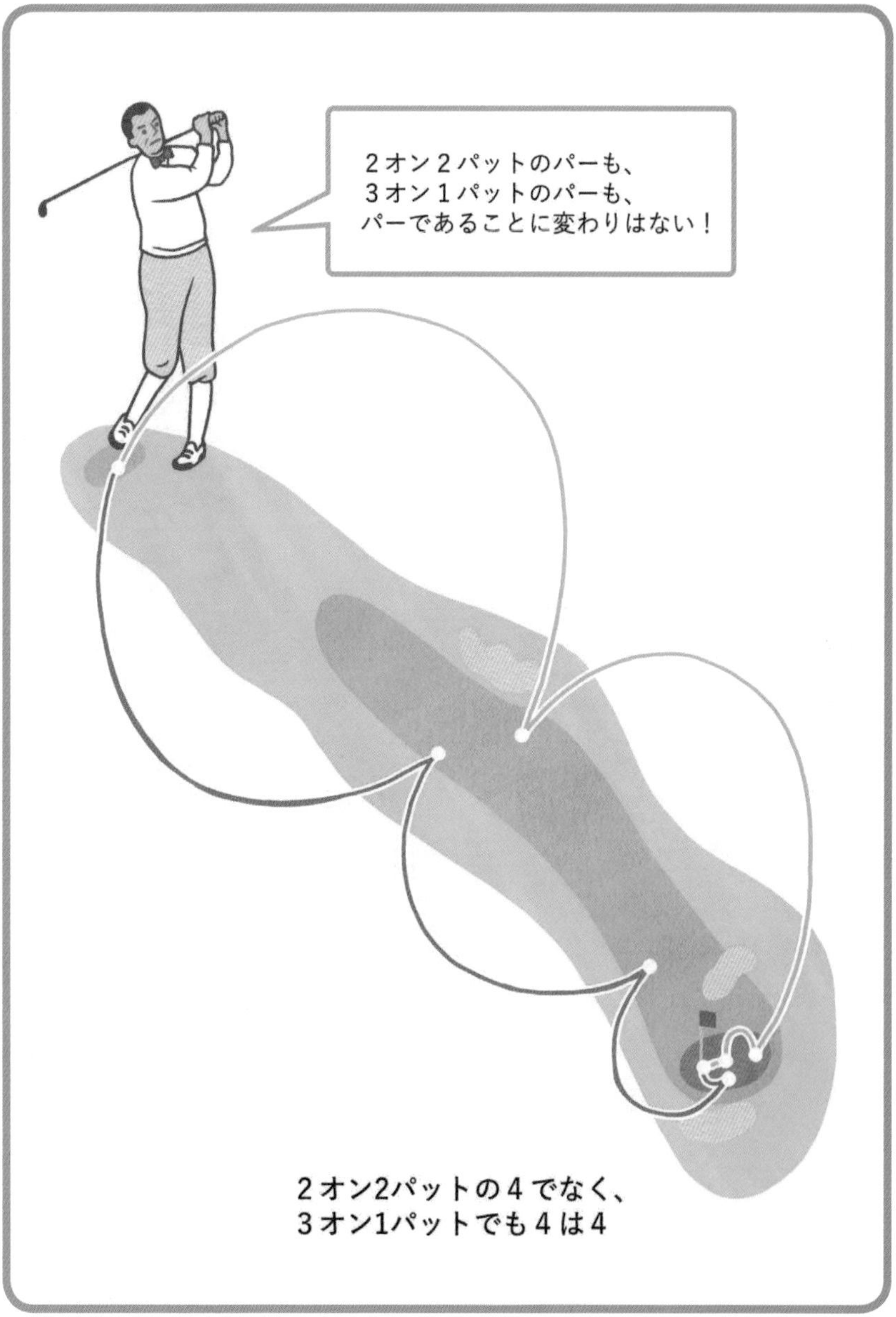
2オン2パットのパーも、
3オン1パットのパーも、
パーであることに変わりはない！
2オン2パットの4でなく、
3オン1パットでも4は4

8

奇跡は起こそうと念じれば本当に起こすことができるのだ

スポーツ心理学では予言したことは起きやすいということがよく言われる。これはネガティブにもポジティブにも働くが、ヘーゲンは常にポジティブにそれを行っていた。最初はギャラリーを喜ばすために口にも態度にも出していたが、たびたび成功するうちに、自然になった。「有言実行」がヘーゲンの専売特許になったのだ。

1926年の全英オープンの最終ラウンド、ジョーンズが首位でホールアウトし、クラブハウスのバルコニーからヘーゲンのプレーを見ていた。その最終ホールでヘーゲンはイーグルをとればジョーンズに並ぶことができた。

ヘーゲンは素晴らしいティショットを放ち、セカンドショットはピンまで150ヤード。彼は公式スコアラーにグリーンまで行ってピンを抜くように言った。本気でカップインを狙ったのだ。

「私は観客がどよめく中、ゆったりとした動作でボールに向かって構え、しっかりととらえた。打球は真っ直ぐに飛び、グリーンに落ちてカップに向かって転がり、カップに当たり、手に持たれたピンにも当たったのだ。その瞬間、イーグルを奪ったと同じくらいの歓声が轟いた。ジョーンズが腰が抜けるほど驚いたのは間違いがない」

しかし、そうしたミラクルは他にもたくさん起きた。

才能ある若者、ホートン・スミスが首位であがった1928年のカタリーナ島オープンでは、ヘーゲンは残り3ホールを「3・2・1の6であがり、君とタイになる」と宣言、それにはバーディバーディ、ホールインワンが必要だった。

実際に、16番で2mにつけてバーディ、17番では6mを沈めてバーディ、最終18番では190ヤードを2番アイアンで打ち、カップから僅か10㎝というスーパーショットを放った。

大騒ぎしているギャラリーの1人が言った。

「もしもピンを抜いていれば入っていたんだ。ピンに当たったのだから」

まさにそれがヘーゲンという男だった。

Tommy Armour

トミー・アーマー

伝説のレッスンで
スイングを取り戻せ

端正な顔立ち、スラッとした長身、銀色の髪。
シルバー・スコットの愛称で人気のあったアーマーは
全米、全英の両オープン、全米プロも制した。
引退した後は的確な教えでレッスンプロとしても定評が高く、
全米女子オープンに3度も優勝したベーブ・ザハリアスや
全米オープンや全米プロに優勝したローソン・リトルを育て、
多くのアマチュアを上達させた。
彼のレッスンは今も尚健在、学ぶべき多くの真髄がある。

Tommy Armour

1986年9月24日、スコットランドのエジンバラに生まれ。アメリカに移住し、1968年9月11日、71歳でニューヨーク州ラーチモントで亡くなる。'27年全米オープン、'30年全米プロ、'31年全英オープン優勝。'35年に引退後、フロリダのボカ・レイトンで人気実力とも最高のレッスンプロとなり、レッスン書もベストセラーに。クラブ製作者としても名を馳せ、『マグレガー・トミーアーマー』は名器中の名器。ニックネームはシルバー・スコット。

1

スイングはシンプルなもの。重要な事柄をしっかり実践して欲しい

1927年に全米オープン、'30年に全米プロ、そして'31年に全英オープンに優勝したトミー・アーマーは'35年に半ば引退し、フロリダのボカ・レイトンという高級リゾートクラブでレッスンを行うようになった。

その実績とハンサムでやさしい性格、それに加えて的確な教えによって人気を博し、アメリカ各地からアーマーのレッスンを受けたいというアマチュアが押し寄せた。

アーマーは笑顔で語る。

「アマチュアの多くはゴルフにおける重要な事柄を疎かにし、枝葉末節ばかりにとらわれているから上達したくてもできないわけです。私はアマチュアの皆さんに、このことだけは身につけてくださいという大事な事柄だけをお話しします。あとはそのことだけを念頭

に余計なことは一切考えずに練習するだけです。そうすれば、誰でもすぐにシングルになれる。難しいことは何もありません。シンプルにゴルフをとらえることです」

　では、その大事な事柄とはどんなことだろう。アーマーは言う
「まずはグリップです。グリップが悪ければ、良いスイングはできません。次にアドレス。構えが悪くても良いスイングはできないのです。ショットに応じた構えが必要です。次にスイングですが、バックスイングでは左膝を絞り、腰を回転して肩を回す。トップではコックをしっかり行い、間を取る。ダウンスイングは急がずに右膝を絞る。コックを溜め、インパクトで一気に解いて、鞭打つようにボールを叩く。スイング中、頭を動かさない。たったこれだけのことです」

　確かにそう言われれば、驚くほど要点は少ない。とはいえ、グリップ、アドレス、スイングと、それぞれ正しいことを教えてもらわなければならない。

「もちろん、順番に詳しく教えていきますが、要点は極力少なくしています。お願いしたいのは、その要点をその場ですぐにやってみること。クラブ（基本的には8番アイアン）を手に持って、読んだことをすぐに実践してみて欲しい。そうして、家の中や庭で素振りをする。それから練習場に行ってボールを打てば良いのです」

良いグリップ

左手を開き、人差し指の第2関節の
上から小指の付け根の下の部分に
かけて斜めにクラブを置く

1

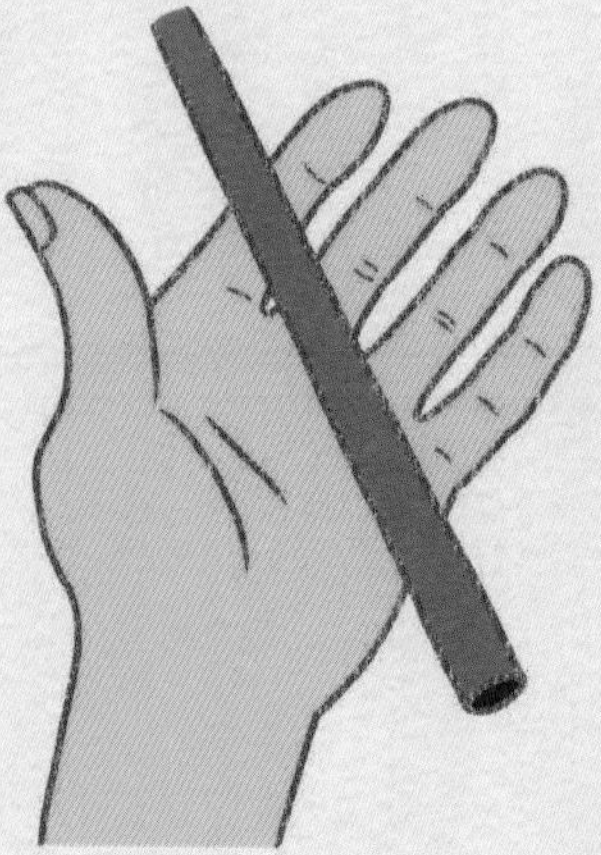

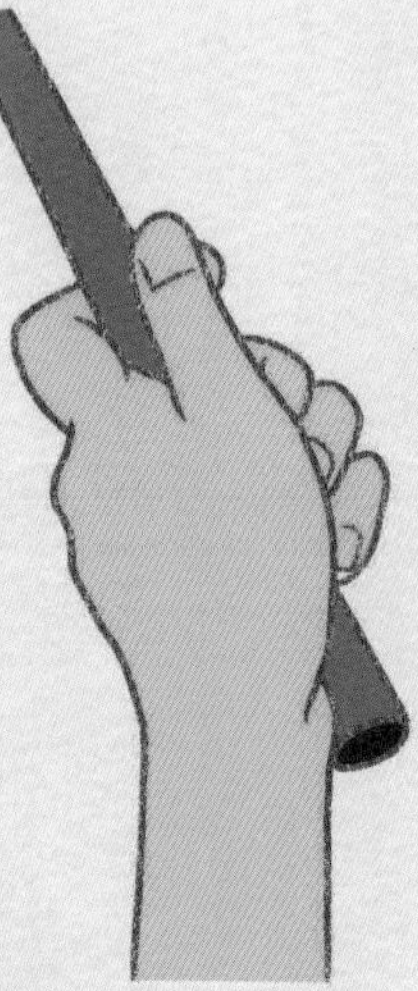

2

小指から薬指、中指、人差し指と
包むように握る。
親指はクラブの右サイドに被せる
ように置き、人差し指と親指は
絞り込む。そのV字は右肩を指す

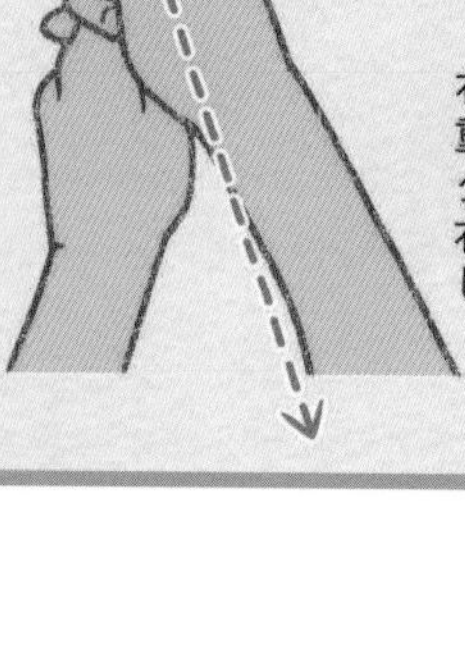

3

右手の小指は左手の人差し指の上に
重なるようにし、右手の人差し指は
クラブの右サイドにしっかりあてがい、
右手の親指は左手の親指を押さえるように
しながら、クラブの左サイドに置く

インパクト

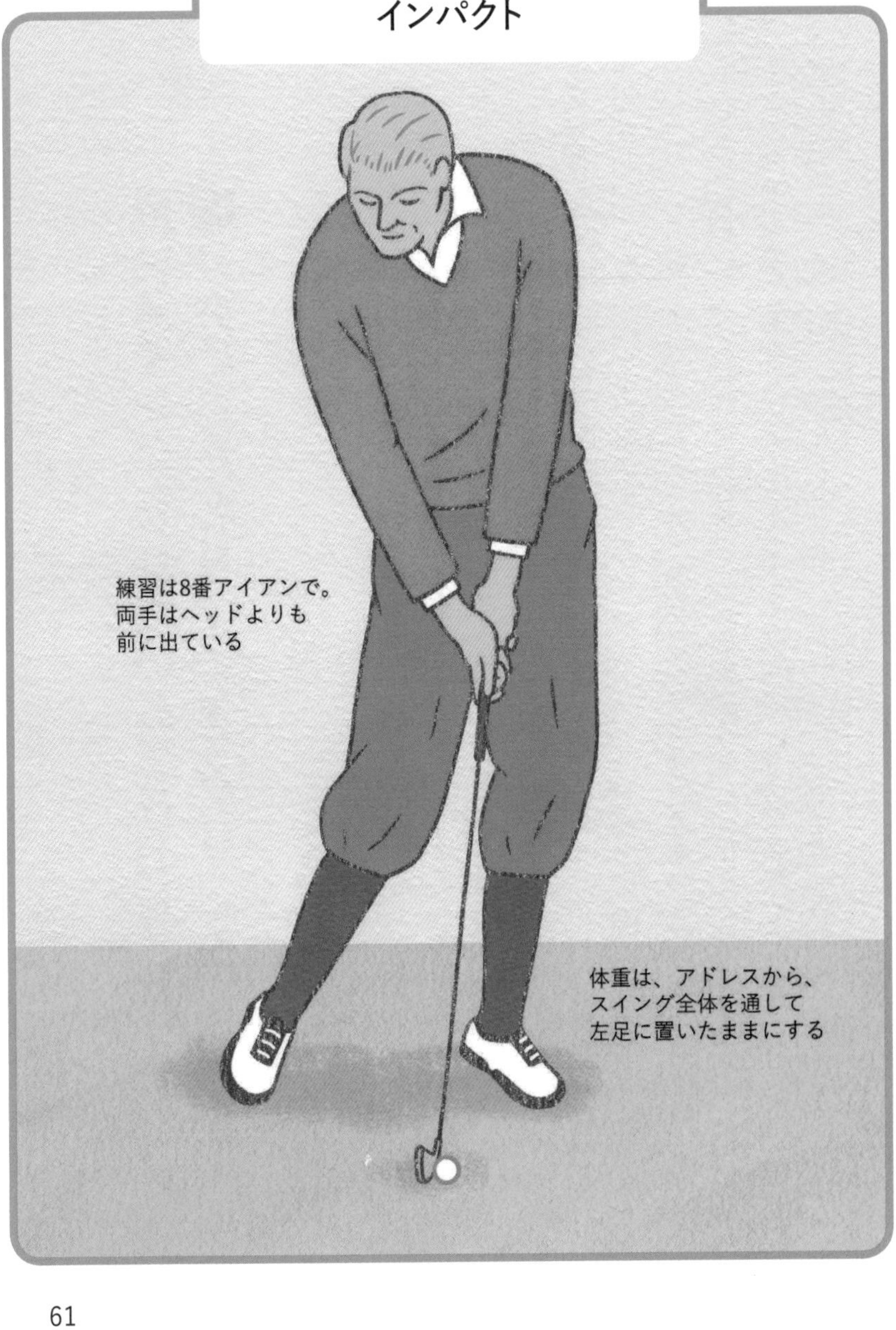
練習は8番アイアンで。
両手はヘッドよりも
前に出ている
体重は、アドレスから、
スイング全体を通して
左足に置いたままにする

2

良いスイングをしたいと思うのなら、握り方にこだわり、正しくグリップすること

アーマーのレッスンは正しいグリップを教えることから始まる。

「ハイハンデのゴルファーは一様にグリップが良くありません。そのために良いスイングができず、ミスショットが多発してしまうのです。クラブが上手く動き、体が上手く動くためには、クラブを正しく握ることです」

それは最初からクラブを好きなように握っていたか、最初に習ったグリップを忘れて自己流のグリップになってしまったからである。

「良いグリップは正しく握ることからできあがります。まずは左手です。左手を開き、人差し指の第2関節の上から小指の付け根の下の部分にかけて斜めにクラブを置きます。こうして小指から薬指、中指、人差し指と包むように握ります。親指はクラブの右サイドに

被せるように置き、人差し指と親指は絞り込みます。そのV字は右肩を指します」

小指、薬指、中指はしっかり握り、右手のパワーに負けないようにする。人差し指と親指には力を入れない。

「次に右手です。右手の小指は左手の人差し指の上に重なるようにし、右手の人差し指はクラブの右サイドにしっかりあてがい、右手の親指は左手の親指を押さえるようにしながら、クラブの左サイドに置く。右手の親指と人差し指とでできるV字も右肩に向けます。

右手と左手は一体になります」

右手はどの指にも力を入れない。左手の半分の力と言って良い。

「こうして綺麗なグリップができたら、クラブヘッドを上下させて、手首のコックが楽に動くようにする。右手と左手は常に一体化し、左手でクラブをコントロールし、右手で力を与えるというその動きを調和させるのです。つまり、スライスが出ようがフックが出ようが、それは両手の調和ができていないからであり、決してグリップは自分勝手に変えない。この正しく綺麗なグリップが作られているのなら、正しく体が動き、正しいスイング軌道となるはずなのです。気をつけるのはトップで左手のグリップが緩まないことです」

アーマーは以上のようにオーバーラッピンググリップを勧めている。

3 スムーズに打てるようにアドレスをクラブによって変化させる

「多くのアマチュアはスイングの前に改善すべき大事な事柄があります。グリップとアドレスです。この2つが正しくなければ、いくらスイングを良くしようとしても不可能です」

アーマーが考える正しいアドレスとはいかなるものなのか。

「まずは構えたときの姿勢です。クラブのソールを地面にベタッとつけてボールにセットしたら、股関節から上体を倒し、両腕をダラッと垂らします。その垂らしたところでグリップできるようにスタンスを取ります。上体は屈み込まず、できるだけ起こすこと。体は硬直させず、両膝は少し緩めておくことです」

硬直させないためにはグリップは握り締めないこと。肩を下げておくこと。腰が回るようにすること。脚が動きやすくなっていることも必要なのだ。

続いて、スタンスの方向とボールの位置、そして手の位置。アーマーはクラブによってこれらを多少変化させる。

「ドライバーはティアップして、少しアッパーブローとなるため、ボール位置は左足かかと延長線上。スタンスはドロー回転をかけて飛距離を出すために少し右足を引いたクローズスタンスにし、つま先も開く。バックスイングで腰が回りやすく楽に振れる。体重は右足に60％かけ、手の位置はヘッドよりもやや後ろのハンドレイトにします」

次にフェアウェイウッド。

「ボール位置は左足かかと線上よりも３㎝右に置き、スタンスはスクエア。体重は少しだけ左足に多くかけ、両手はボールの真上でヘッドよりもやや前に出ます」

そして、アイアン。

「ボールは両足のセンター。体重は左足に多くかけ、スイング中、体重はそのまま。手の位置はボールより前に出るハンドファーストに。こうすると、アイアンショットに必要なダウンブローが打ちやすくなる。スタンスの向きは、ロングアイアンでスクエア、ショートアイアンになるに従ってオープンに。スタンス幅もショートアイアンになるに従って狭くする。さらにピッチショットではボールは右足寄りとなる」

4

スイングはフットワークを行うことで自然に良いものになっていく

クラブを握り、ボールに構えたら、次はバックスイングとなる。

「バックスイングでは真っ直ぐ引けとか、地面を擦るように引けとか、いろいろ言うが、そんなことは一切考える必要はない。まずは脚を動かすこと。正しく脚が使えれば、自然に良いバックスイングになります」

では、脚をどう使えというのか。

「バックスイングでは左膝をボールの後ろに向くように動かします。左足をヒールアップして、膝頭をボールの後方に向けるように絞ります。この動きを行えば、自然に腰が回ります。それとともに肩も回る。手も腕もその動きに従って引かれていけば良いわけです」

これがバックスイングのフットワークというわけだ。

「腰を回し、肩を深く回し、コックをしっかり使ってトップを作る。トップで間を入れて、ダウンスイング。このときのフットワークは右膝になります。左かかとをヒールダウンしたら、右の膝頭を絞り込んでボールに向けるのです。自然に腰が回り、肩が回って腕も下りてくる。つまり、腕や上体ではなく、膝を動かすフットワークでスイングを行うことが重要なのです」

アーマーはさらに教えてくれる。

「左膝をボール後方に向けてバックスイング、トップまで行ったら右膝をボールに向けてダウンスイング。左膝と右膝をボールに向けて交互に動かす。それがゴルフにおけるフットワークです。難しいことなど何もありません。左、右と動かすだけです」

脚を使えと言われても良くわからないものだが、アーマーの教えは簡単でシンプルだ。

「脚を動かすとボールに当たらないのではないかと怖がって棒立ちで打つアマチュアが実に多い。しかし、その結果は動きがぎくしゃくして、ボールはとんでもない方向に飛んでしまう。ボールを投げるときに脚を使って投げるけれど、その感じで脚を使ってクラブを振ればいいだけなのです。誰もができる簡単な動きであり、それがスムーズに体を動かせて、正確に遠くにボールが打てる方法なのです」

アドレスでのボール、足、手の位置

ドライバー

ボール位置は左足かかと延長線上。
スタンスはクローズスタンスにし、つま先も開く。
体重は右足に60%かけ、手の位置はヘッドよりもやや後ろのハンドレイトにする

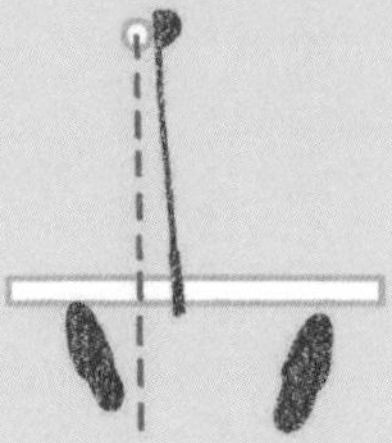

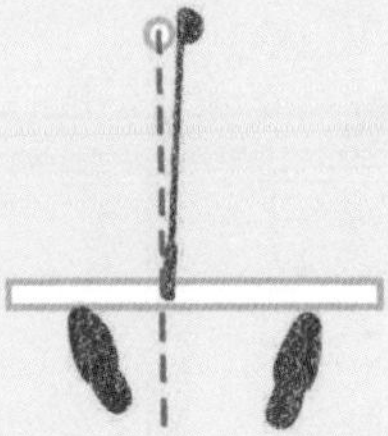

フェアウェイウッド

ボール位置は左足かかと線上よりも3cm右に置き、
スタンスはスクエア。
体重は少しだけ左足に多くかけ、
両手はボールの真上でヘッドよりもやや前に出す

アイアン

ボールは両足のセンター。体重は左足に多くかけ、
スイング中、体重はそのまま。手の位置はボールより前に出るハンドファーストに。こうすると、
アイアンショットに必要なダウンブローが打ちやすくなる。
スタンスの向きは、ロングアイアンでスクエア、
ショートアイアンになるに従ってオープンに。
スタンス幅もショートアイアンになるに従って狭くする

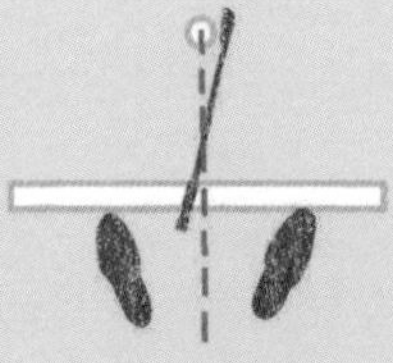

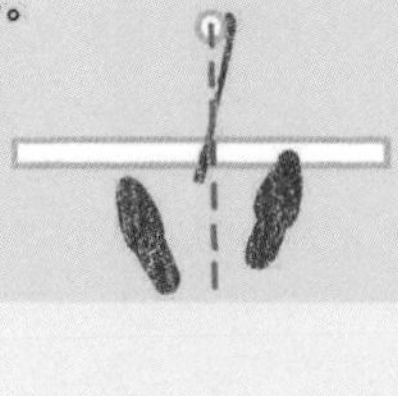

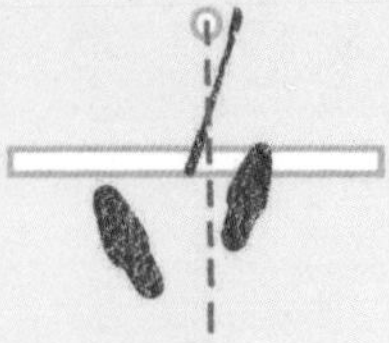

ピッチショット

ボールは右足寄りにする

良いバックスイング

腰を回し、肩を深く回し、
コックをしっかり使って
トップを作る

バックスイングでは左膝をボールの後ろに向くように動かす。
左足をヒールアップして、膝頭をボールの後方に向けるように絞る

5
打ち出す前にワッグルを行う。それだけでスムーズなスイングになる

アーマーは誰にでもワッグルを勧める。

「ゴルファーは誰でもワッグルを行う習慣をつけることです。そうすればコースや試合に出たときに、どれだけ緊張せずにクラブを振ることができるかがわかります。筋肉の硬直や無理な動きがなくなり、無意識のうちにバックスイングができ、スムーズなスイングができるのです。練習ではわからないためにやらない人が多いですが、絶対にやったほうがいい動作です」

そこまでワッグルを必要に勧めるレッスンプロは今も昔もいないように思う。アーマーは言う。

「ワッグルは本当のスイングを行うように丁寧に行うことです。本当のスイングと同じテ

ンポで柔らかく行う。スコットランドの古い諺にあるように『ワッグルをするようにスイングせよ』を実践するのです。そのためには早急な引きつけを起こしたかのようなワッグルは絶対に行わない。ゆったりといつものリズムで行う。それだけでスムーズなスイングができ、素晴らしいショットを打つことができるのです」

確かにプロは皆、ワッグルを行う。それも非常に丁寧に行っている。つまり、良いワッグルが良いスイング、良いショットを生み出すことを知っているからだ。

「良いグリップをし、正しく構えたら、左膝をボール後方に向けるような始動とともにワッグルを行います。少し動かしたら、元に戻す。それを何度か繰り返し、タイミングが計れたら、そのリズムとテンポのままバックスイングに移るのです。こうしたワッグルから実際のスイングに移る行程を、素振りから練習して身につけてください」

練習で使うクラブは8番アイアン。家の中で練習するのなら、床に雑誌を置いて素振りを繰り返せば良いとアーマーは助言する。

「ワッグルを行ってから実際のスイングに移行する習慣が付けば、驚くほどスムーズにクラブが振れるようになります。スタートホールのティショットや難しいライからのショット、勝負の1打など、緊張するときに、良いショットを放つことができるのです」

6

両手のコックでヘッドを素速く動かし、ボールをピシャッと鞭打つように叩く

良いグリップと構えができ、ワッグルしたら、あとはボールを打つだけである。その打ち方は鞭打ちだとアーマーは言うのだ。

「ボールは両手を使って、鞭打つように打つ。鞭打ちは皆さんも知っているように、鞭を片手で持ち、手首を柔らかく使ってピシャッと波打つようにして打ちますが、誰でも簡単にできますよね。その打ち方を、クラブを使って両手でやればいいわけです。ですから、最初は体の正面で鞭を打つようにクラブを地面に打ち付けてみましょう。それができたら、体を回転させて、同じようにやってみる。ボールをピシャッと打ってやるのです」

つまりはインパクトの瞬間にクラブヘッドが走るように打てということだ。それには手首のコックを柔らかく使うことが必要だ。手首が硬く固定していたら、鞭打つことはでき

ない。棒打ちになってしまうのだ。

「体力や筋力があるのに、ボールを遠くに飛ばせない人の多くは、手を使わずに体の回転だけで打とうとする人です。両手のコックを柔らかく使って鞭打つ。そのことをやるだけで、ボールを勢い良く遠くに飛ばせるのです。だから、そんな人に私は『左手でギュッと握って、右手で思い切りぶっ叩け』とアドバイスします。ギュッと握る左手は小指、薬指、中指の3本だけにして、右手のパワーを受け止めます。こうすれば、右手のパワーに左手が負けることはなくなり、安心して右手で思い切り叩くことができるのです」

アーマーは続けて言う。

「コックは打つ直前まで解かずに溜めておきます。つまり、両手はできるだけ長い間、クラブヘッドよりも前に出すようにします。ヘッドを遅らせるわけですが、コックを解くタイミングが合えば、まったく振り遅れることはありません。十分に間に合います。ですから、慌てて打ちに行くことはないので。待って待って待ってから、打つことです。そうすれば、インパクトでも両手はヘッドよりも前に出ている。強く叩くことができるのです。打つ瞬間には両手をボールより前に出して打ち抜くことです」

7
トップでの小休止が良いショットを生む。「ワン、ツー、ウェイト、スリー」でスイング

ダウンスイングでコックを解かずに溜めたまま、インパクトの直前で解く。両手はボールよりも前になるハンドファーストで打てとアーマーから言われても、アマチュアはなかなか上手くできない。

その大きな理由は、ボールが目の前にあれば、待っていられず、打ちに行きたくなるからだ。そのためにひどいショットになるということもある。

「打ち急ぎは必ずミスを招きます。ではどうすればそれを防げるか。それはトップで小休止すること。切り返しで間を取ることです。そうすれば打つための抜群に良いタイミングが生まれます」

確かに打ち急ぎはトップで小休止がないスイングである。間を取るべきであることがわ

かっているのに、いざ、ボールが目の前にあると打ち急いでしまうのが人情だ。

「トップで小休止を行うためには、練習のときから、『ワン・ツー・ウェイト・スリー』と数を唱えながらスイングすればいいのです。『ワン、ツー』でバックスイングし、トップで『ウェイト』と言い、『スリー』でダウンスイングするわけです。ミソはトップでの『ウェイト』。これを唱えることで、小休止ができるのです」

「ワン・ツー・ウェイト・スリー」。

実際にこれを唱えると、トップで間ができる。間を作らざるをえなくなるのだ。

「この言葉を唱える速さはその人の心地良いもので結構です。速いテンポが良い人は早くなるし、ゆっくりが良い人はゆっくりで構わない。プロでも人によってテンポは様々。ベン・ホーガンやウォルター・ヘーゲン、ジーン・サラゼンは速かったけれど、ボビー・ジョーンズは遅かった。しかし、名手は誰もがトップで小休止している。それは同じなのです」

「ワン、ツー」で左足の膝をボール後ろに向けてバックスイング、トップで小休止したら、右膝をボールに向けて絞り込み、コックを解かずに右手をできるだけ遅らしてダウンスイングする。ボールを打つ瞬間にコックを解いて鞭のように打てばいいのだ。

鞭打つように打つ

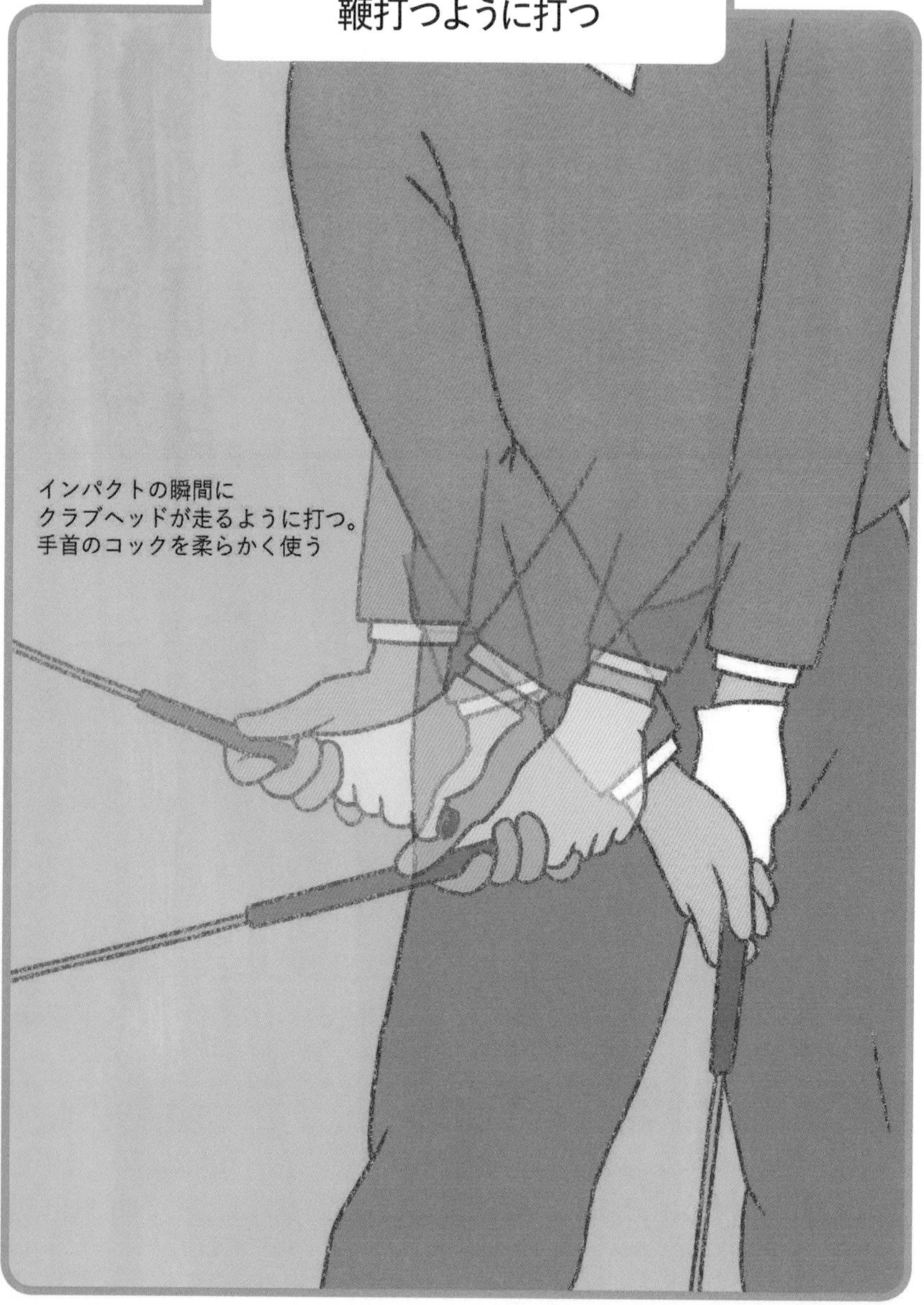
インパクトの瞬間に
クラブヘッドが走るように打つ。
手首のコックを柔らかく使う

トップで小休止する

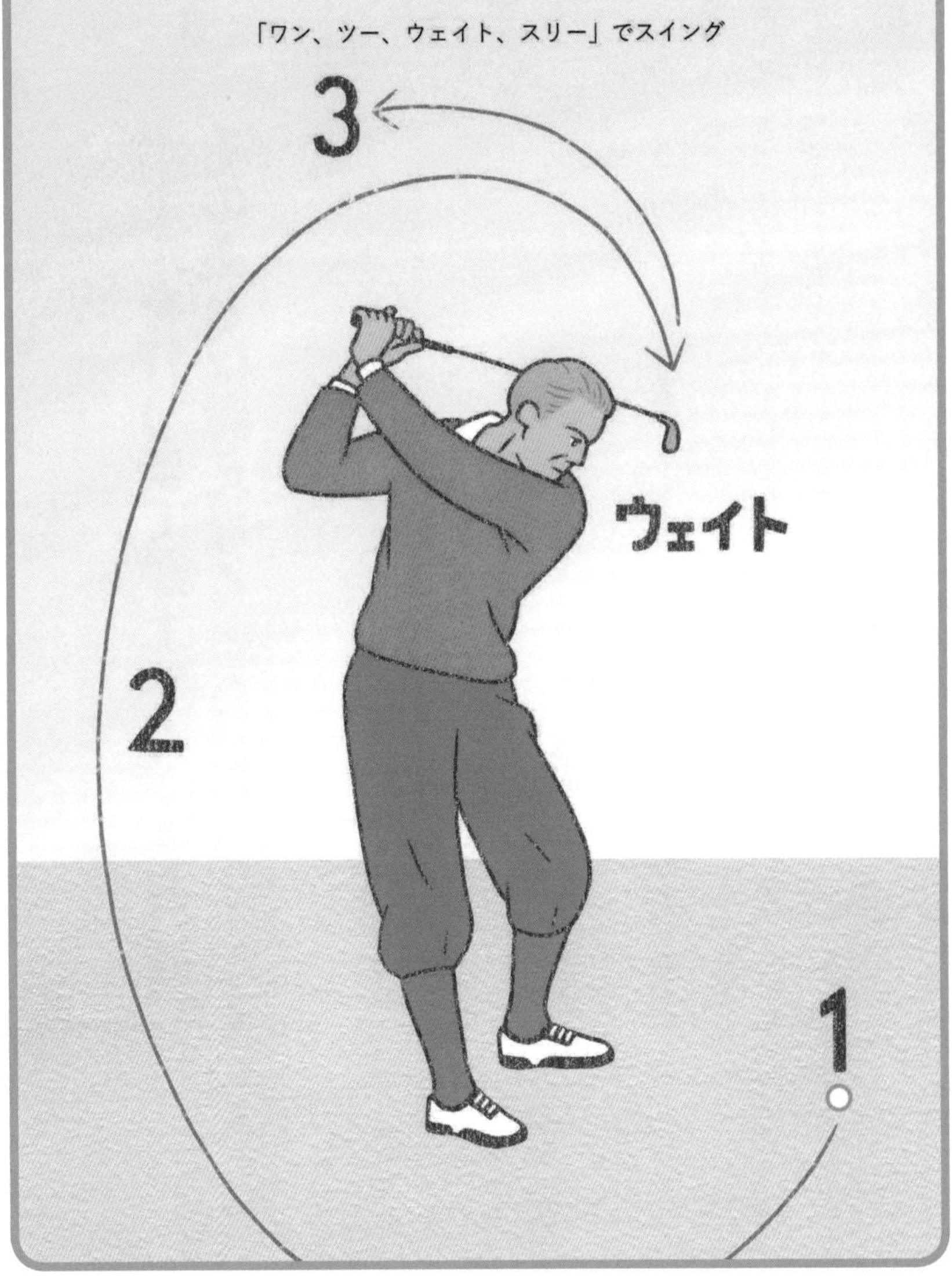
「ワン、ツー、ウェイト、スリー」でスイング
3
ウェイト
2
1

8

ボールを打つまでが上手くできれば、そのあとは考えなくとも自然に上手くいく

アーマーのスイングのレッスンは前項の7までで基本、お終いである。気づかれた人もいると思うが、インパクトまでなのだ。フォロー、フィニッシュに関しては何のアドバイスもない。

「インパクトまでが上手くできれば、フォローはそのまま綺麗に振り抜けるはずで、フィニッシュもぴたりと決まるものなのです。だから、フォローもフィニッシュも何も考えることはありません。クラブが行きたいように行かせてやればいいんです」

つまり、あとは「自由に伸び伸びと振りなさい」というわけなのだ。

スイング練習は8番アイアンで行えと言う。シャフトが短いから室内でも振れるし、ボールを打っても球が上がりやすいから楽に振れるというのだ。

「8番などショートアイアンで、私が述べた、グリップ、アドレス、ワッグル、トップでの小休止、ダウンスイングでのコックの溜め、ニーアクション、鞭打つインパクトができるようになったら、初めて、長いクラブを使ってください。ショートアイアンがしっかり打てるようになったら、必ず上手く打てるようになりますので。それができたら最後にドライバーです。ドライバーはティアップしているので、ここまで来れば意外なほど上手く打てると思います」

つまり、みっちり8番アイアンなどのショートアイアンを練習して上手く打てるようになってから長いクラブに移れとアーマーは言うのである。

「こうしてコースに出ても上手く打てれば、スコアは驚くほど縮まると思います。これまですでに長い間ゴルフをしてきた人も、一度、今回の基本をしっかりやり直してみてください。ナイスショットが増えるだけでなく、ミスショットが凄く減ると思います。スコアはナイスショットに比例するのではなく、ミスショットの少なさに比例します。それをぜひとも実感してみてください」

オフの間に今回のアーマーのレッスンにトライすれば、春からのシーズンインで、変身した自分に出会えるのだ。

Ben Hogan

ベン・ホーガン

練習以外、ゴルフに上達の道はない

フェアウェイを見つめる鋭い眼光から「ホーク（鷹）」、ラウンド中一言も発しない冷徹なプレーぶりから「アイスマン（氷の男）」と呼ばれたベン・ホーガン。長い間活躍できずにいたが、猛練習によって実力を上げた。飛ばし屋のドローヒッターとして賞金王に5回も輝くが、メジャータイトルが獲れず、フェードに変えた30代後半からメジャーを次々に制し、グランドスラマーになった。そんなホーガンが遺した練習における名言を贈る。

Ben Hogan

1912年8月13日、アメリカ・テキサス州生まれ。'29年にプロとなり、9年後の'38年にPGA初優勝。'46年、34歳のときに全米プロでメジャー初優勝。'48年全米プロ、全米オープン優勝。'49年バスとの正面衝突で再起不能と言われるが、'50年全米オープンで復活優勝。マスターズ初優勝は'51年。'53年はマスターズ、全米オープン、全英オープンと3大メジャーに優勝。PGAツアー64勝（歴代4位）、メジャー9勝（同4位）。'97年84歳で死去。

1

練習以外、ゴルフに上達の道はない。練習しなければならない人ほど練習しない

「練習以外、上達の道はない」はホーガンが遺した最も有名な言葉だが、これを当たり前のことだと聞き流してはならない。ホーガンの心の叫びだからである。

ホーガンはアイルランド移民の子として生まれ、父は貧しい鍛冶屋で、彼が9歳のときに自殺。チップがもらえると11歳からキャディになった。19歳でプロになったが鳴かず飛ばずで、同い歳のバイロン・ネルソンにまったく歯が立たなかった。

「稼げるプロになるには練習して上手くなるしかない」

ホーガンは仕事の合間を縫って、毎日6時間の練習を自分に課した。手にマメができ、それが潰れ、クラブが血染めになっても打ち続けた。グレンガーデンCCの練習場はやがて「ホーガンの庭」と呼ばれるようになった。

「大量の練習によって、いつでも同じスイングで打てるようになった。それにより、狙ったところに寸分狂わずに打てる。それも自然で無理のない正しいスイングになったのです。だから飛距離も出るし、体も痛めない。いくら打っても軽い疲労感だけが残るスイングができあがったのです」

こうして徐々に上達していったホーガン。ようやく初優勝したのが26歳、しかし28歳のときにはPGAツアーの賞金王になった。

王者になったホーガンだが、練習は絶対に休まない。

「練習を3日休めば、元に戻すのに3カ月かかる」

そう言って、試合があるときでも練習は欠かさなかった。ラウンド後、練習場に向かい、球を打つ。その当時、そんなプロは1人もいなかった。しかし、だからこそ、ホーガンは'40年代に5回も賞金王になった。

ホーガンは言う。

「僕のような体の小さな才能のない男でも、練習を怠ることなくすることで上達できた。ゴルフはどんな人間でも上手くなれるものだ。それなのに下手な人ほど練習もせずに上手くなれないと嘆く。上達するには、練習あるのみ。それ以外に上達の道はありません」

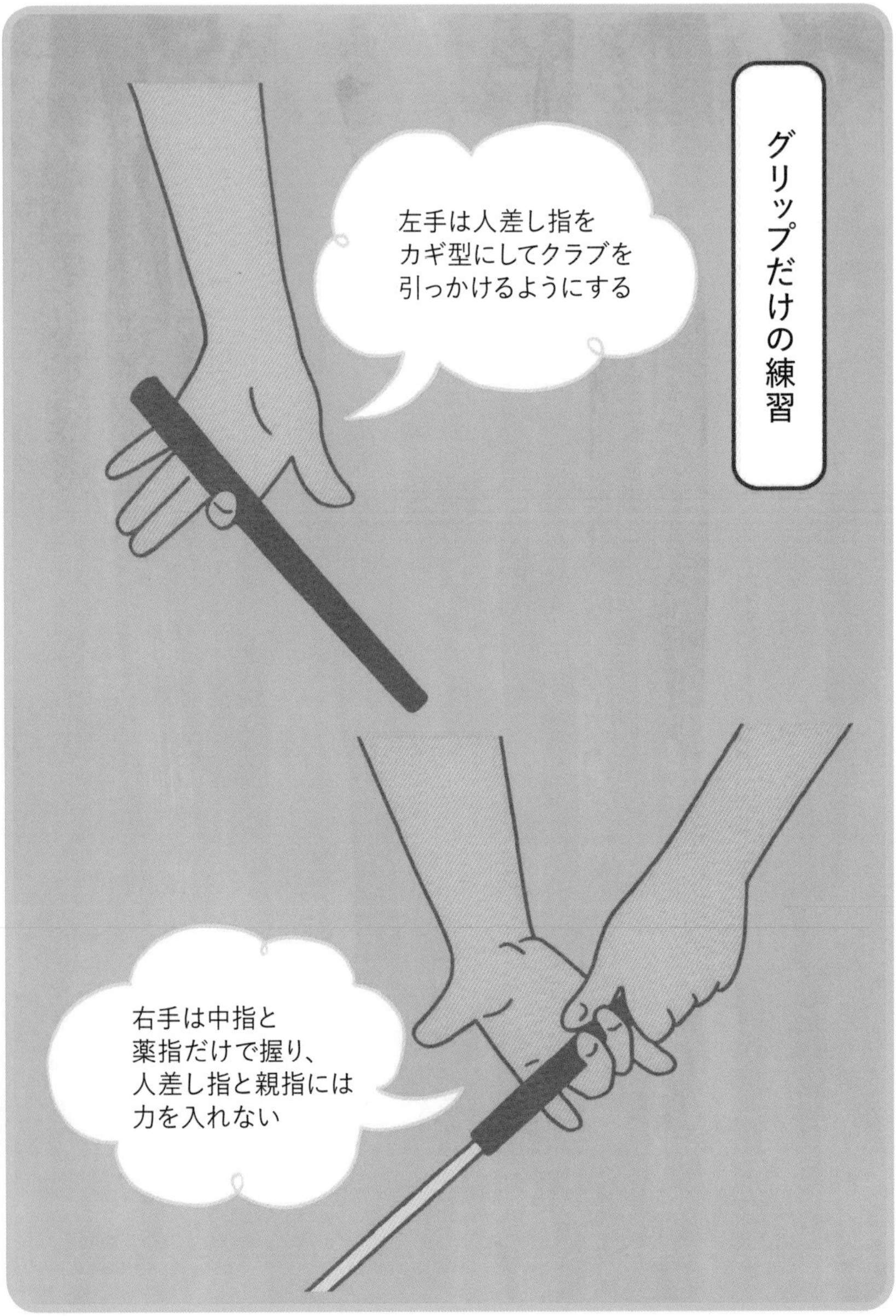
グリップだけの練習
左手は人差し指をカギ型にしてクラブを引っかけるようにする
右手は中指と薬指だけで握り、人差し指と親指には力を入れない

毎朝の練習
両肘を体に密着させ、
最初はパターを振るくらいの
小さな振り幅で、
徐々に大きくしていく

2

グリップだけの練習を行うこと。良いグリップがあって、良いスイングとなる

ホーガンはストロンググリップでパワーゴルフを展開して賞金王になったが、それをスクエアグリップに変更して19ものメジャータイトルを奪取した。それ故にどんなグリップが一番なのかが議論されるが、問題はそこにないことをホーガンは説いている。

「グリップはいろいろなものがあるが、重要なのは、そのどれであっても良いグリップにすること。自分にしっくりきて、クラブが思うように振れるあなただけの良いグリップを作ること。良いショットは良いグリップがあってこそ生まれるものなのです」

つまりは、オーバーラッピングでもインターロッキングでも良いし、フックグリップでもウイークグリップでも構わない。しっくりと握れて、スムーズにクラブが振れ、思い描く弾道が打てれば何でも良いわけだ。

「良いグリップとは、クラブを柔らかく握りながら緩まない。手や腕に力が入らないもの。また、手首が動きやすく、コックがしっかりできるものです」

しかし、そのようなあなただけのグリップを作り上げるのは並大抵なことではない。それはグリップをストロングからウィークに変えるだけでも、血の滲むような練習が必要だったホーガンの体験から来るのだ。

「グリップだけの練習を、毎日30分は行って欲しい。それを1週間続けるだけで、ボールを打たなくても上達できる。できれば部屋にクラブを置いておき、暇さえあれば握って欲しい。それだけでスイングが良くなるのです」

グリップを柔らかく、しかもしっかり握るには左手は人差し指をカギ型にしてクラブを引っかけるようにすること。それだけでクラブを支えられなければならない。また、右手は中指と薬指だけで握り、人差し指と親指には力を入れない。

「どうしても右手に力が入って上手く打てない人は、バックスイングをしていくときに、右手の親指と人差し指をクラブから離し、そのままボールを打つことです。それだけでも随分上手く打てるようになります。そうした練習を経て、通常のグリップにしても右手に力が入らないようにするのです」

3
ゴルフの練習はピアノのレッスンのよう。連続素振りでスムーズなスイングを体得

ホーガンはゴルフの練習をピアノのレッスンに喩えている。

その真意は、ピアノのレッスンは頭で曲を弾くのではなく、指が自然に動いて曲が弾かれるようにするわけで、ゴルフの練習もそれと同じで、理屈で考えてスイングをするのではなく、自然に体が動いてクラブを振れるようにならなければならない。

「スイングを頭で考えているうちは上手く打てるようにはならない。何も考えずに自然に上手く振れるようになるまで練習すること。それがゴルフの練習というものなのです」

ホーガンのその言葉は、ゴルフをやったことのある人なら誰でも痛感するものだろう。考えなくとも考えたことができるまで振り続けること。スイングを積み重ねることなのだ。

逆にいえば、頭で考えることをストップして、動物的な本能に任せてクラブを振るよう

にしなければならないという教えでもある。

そのためにホーガンが自ら行っていたのが、連続素振りである。

「毎朝、起きるとすぐにベッド脇でクラブを振ります。両肘を体に密着させ、最初はパターを振るくらいの小さな振り幅で、徐々に大きくしていきます。最後はフルスイングになるまで連続で振り続けます。こうすることで自然に良いリズムで、しかも正しい軌道でスイングできるようになります」

また、ホーガンが連続素振りで勧めたのが、3段階連続素振りである。

「最初はクラブヘッドが腰から腰までのハーフスイング、次に肩から肩までのスリークオータースイング、最後がフルスイング」

この3段階連続素振りを、ショットを打つ前に行うのだ。そうすれば、スイングのことを考えずにボールを打つことができる。これを練習のときから行って習慣づけ、コースでボールを打つときにも実践すれば、何も考えずに上手く打てるようになる。松山英樹もやっている本番前の素振りである。

そう、指が自然に覚えてピアノを弾けるように、体が自然に動いてボールを打つことができるようになるのだ。

4

人間のスイングは不純物に汚されている。ハーフウェイダウンの繰り返しで浄化させる

初恋は純粋である。恋を重ねていくうちに嫉妬や裏切りなどを経験し、純真さが薄れていく。それと同じようにゴルフスイングも経験を重ねていくうちに純粋さが薄れて汚れてしまう。

ホーガンは「人間のスイングは不純物に汚されている」と語ったが、ジャンボ尾崎は「長い間やるうちに垢が溜まってくる」と言った。これまでに起きた失敗がトラウマとなり、純粋にクラブを振れなくなってしまうことを喩えている。

アマチュアはボールに当たらないから、どうしても手で当てに行ってしまう。クラブを振り抜くことを忘れ、ひどいスイングになってしまう。まさに「不純物にまみれたスイング」である。

では、どうすれば、それを矯正することができるのか。ホーガンが自ら行っていた練習法が「ハーフウェイダウン素振り」である。ホーガンが説明してくれる。

「バックスイングの途中からコックを始めて、しっかりとコックしたトップを作る。ここからダウンスイングに移行するわけだが、そのときにトップで作ったコックはそのままにして解かず、腰を回して左足に体重移動する。こうすると、手や腕は何もしてないのに、肩が自然に回ってハーフウェイダウン、つまり手が腰の位置まで下がる。腰まで下がったら、もう一度、腰と肩を回し上げてトップを作る。トップができたら、再びハーフウェイダウンし、またトップまで引き戻す。こうして2回ハーフウェイダウンを繰り返したら、3度目のダウンスイングで初めてフィニッシュまで振り抜くわけです」

つまり、1回、2回とコックを溜めたままハーフウェイダウンし、3回目に最後まで振り抜くわけで、何度か素振りをしたら、ボールを打ってみる。

「こうすると、トップからいきなり手を下ろすという悪癖を矯正することができます。ヘッドを溜めたレイトヒッティングにも自然となるため、クラブヘッドが走ります。ボールをしっかりとつかまえることができ、飛距離の出るドローボールとなります」

ホーガンのような手が体に近いコンパクトなダウンスイングになるのだ。

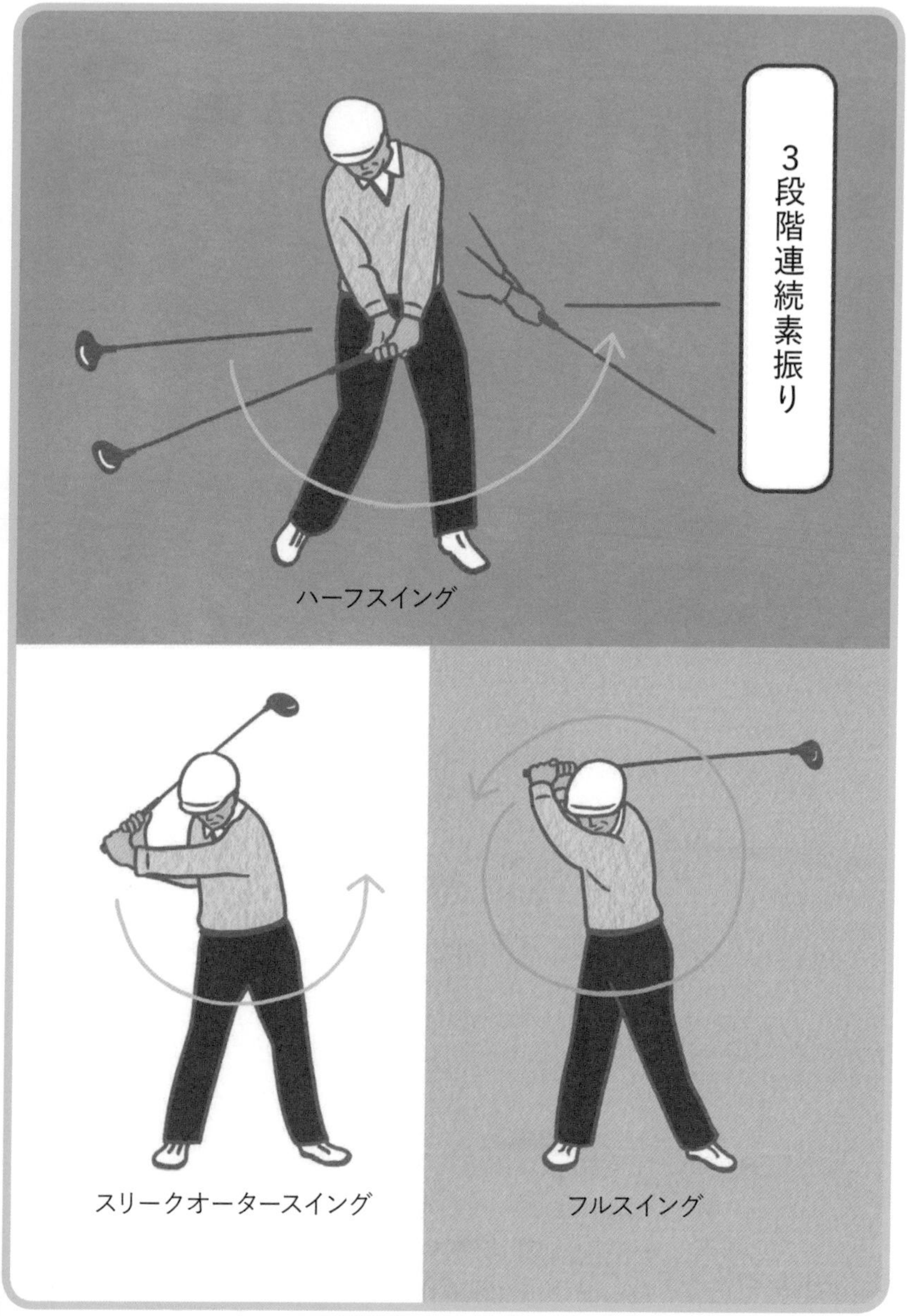
3段階連続素振り
ハーフスイング
スリークオータースイング
フルスイング

ハーフウェイダウン素振り

2回ハーフウェイダウンを繰り返したら、
3度目のダウンスイングで初めてフィニッシュまで振り抜く

5

アイアンをしっかりヒットダウンせよ。フェースの下から3本目の溝で打つ

ホーガンはアイアンショットが素晴らしかった。腕の立つ侍が一刀両断にするようなキレのあるショットだった。

「スコアを良くしたいのなら、アイアンを上達することだ」

そうホーガンが言うように、いくらドライバーが上手くてもアイアンが下手ではグリーンをとらえられず、四苦八苦のラウンドになる。このことを痛感していたホーガンは、ことのほかアイアンを重点的に練習していた。

「アイアンはヒットダウンすること。ヘッドのリーディングエッジでボールをとらえて押し込み、ボールの先の芝を削り取る。スイングの最下点はボールの先にあるのです」

つまり、ダウンブローに打てということだが、わかっていてもできないのがアマチュア。

「トップからいち早く左足に体重移動する。腰を回すタイミングを早くし、しかも速く回す。決して右足体重で打ってはならない」

しかも、左手の使い方が重要になる。

「インパクトで左手は真っ直ぐ平らでなければならない。左手首は手の平側に曲がっているくらいでも良い。決して甲側に折れ曲がってはいけない。手首を伸ばしたまま、フォロースルーも行う。こうすれば、ハンドファーストでボールをとらえた後、ヘッドは低く出てボールを押し込み、ダウンブローに打つことができるのです」

このことをホーガンはスーピネーションと呼んだ。インパクトからフォローにかけて、左手甲が捻られて下を向く、左手が外旋する動きである。この左手の動きは素手でゆっくりと行い、その後、クラブを持って体に覚えさせなければ到底できるものではない。

ボールを押しつぶすように打てるため、スピンがしっかりかかる。

「硬いグリーンでもボールを止められるし、ピンをデッドに狙っていけるのです」

パーオン率を高め、バーディチャンスを増やすことになる。

「私は猛練習の結果、フェースの溝の下から3番目でいつも打つことができるようになった。正確にヒットダウンできていた証拠です」

6

練習ではボールを打ち続けてはいけない。25球打ったら、小休止して考える

ホーガンは休みの日はホームコースのグレンガーデンCCの練習場で、1日6時間〜8時間もボールを打っていたわけで、その熱心ぶりは有名だが、実際にその練習を見た人は続けてボールを打っていたわけではないと証言している。

ホーガンは球拾いをしてもらう少年キャディを立たせ、その少年を目標にボールを打つのだが、それは決まって25個。ボールはすべて少年の前で落下して足下に転がっていく。だから球拾いはとても楽なものだった。この練習で重要な点は25個のボールを使うという点にある。

ホーガンは言っている。

「25個のボールしか使わない。それ以上ボールがあると、何も考えずにどんどん打ってし

まうからだ。25個であれば、1球1球、どんなショットだったか、どんなスイングだったか、しっかり把握できる。打ったボールはキャディが拾って私のもとへ持ってくるわけだが、その間小休止でき、打ったショットのことをしっかり考えることができる。注意すべきこと、また矯正すべきこと、さらに試したいことがあれば、それを次の25球で実践する。そうした考える練習をすることが、球数を打つことよりももの凄く大事なのです」

また、ホーガンは、考えるといっても多くのことを考えて練習してはいけないと付け加える。

「25球を打つときに、実践するテーマは1つだけ。特にスイングについては1つのことだけをテーマにして打つこと。2つも3つもテーマにしたら、何を練習しているのかわからなくなってしまう。1つのことだけをテーマにして練習するから、そのことを克服することもできるのです。1つずつ克服していけば、それが積み重なり、やがて完璧なスイングで完璧なショットが打てるようになります。ショットもスイングも一気に作り上げることなどできず、いっぺんに良くすることもできません。1つずつの積み重ねが大事なのです。練習はマシンガンのようにボールを打っても上達できません。悪い癖を覚えてしまうのがオチです」

7 練習ノートを作り、練習したことをメモしておく

テーマを1つだけ決めて、それができるようにすることが上達の秘訣だとホーガンは言ったが、実はそれだけではいけないのだ。

「私はその日に練習したことを手帳に書き付けていました。どんなショットを練習したかといった漠然としたことではなく、何をどう解決したかをなるべく詳細に記しておきました」

ホーガンのゴルフ手帳である。我々ならば、ゴルフノートを作ることだ。

「その日に練習したテーマや問題点はもちろん、どのようにして上手く打てたのかの理由や、どのようなミスが生じたか、その原因なども克明に書いておくのです。私は、その手帳をいつもキャディバッグに入れておきました」

練習して上手く打ててしまうと、何が問題だったか、どんなことに悩んでいたのかといったことはすっかり忘れてしまう。ましてやどうして上手く打てたかといったことはすぐに忘れてしまうものだ。ホーガンはそのことを実感し、練習したこと手帳にメモしていた。

「手帳を開いてみると、驚くことがあります。それは同じミスや悩みが繰り返し生じていること。解決してはまた逆戻り。根源はまったく克服できてない。そのことを発見します。ちっとも上達していないとがっくり来ますが、それがゴルフの本質であることを、やがて痛いほどわかるものなのです」

上手く打てただけではいけない。完璧を求めてひたすら練習したホーガンだったが、それは逆戻りをしないためだったのだ。それこそがホーガンにとっての完璧だった。

「手帳には練習したことだけでなく、試合で起きたことも書きました。試合で起きたミスやナイスショットを書いておき、なぜミスが出たのか、上手くできたのかを考えます。そしてそれをテーマにして練習するのです」

具体的なこととして、試合でバックスイングが大き過ぎたり、テンポが速くてミスが生じたときは、練習で5番アイアンの距離をドライバーで打つようにしたという。ホーガンのコンパクトなスイングはそのような練習から作り上げられたのだ。

25球打ったら、小休止して考える
注意すべきこと、
また矯正すべきこと、
さらに試したいこと

ゴルフノートを作る
その日に練習した
テーマや問題点
Ben Hogan
Golf Note
どのようにして上手く
打てたのかの理由
どのようなミスが
生じたか、その原因

8

練習したことのないショットを実戦で使ったことはない

ホーガンが猛練習によってショットに完璧を求めたのは、練習で完璧に打てても試合では上手く打てないことがあることを知っていたからだ。

「おおよそ正しいでは正しいことには決してならない。それと同じで、そこそこ上手く打てても、それは上手く打てたことにはならない。完璧に打ててこそ、ようやく試合でも使えるのだ。それでも試合では常に上手く打てるとは限らない。試合ではたった1発しか打てないからだ」

実にホーガンらしい言葉だ。「ゴルフはミスして当たり前、ミスのゲームだ」などと言ったりするが、ホーガンはミスを許せない完璧主義者だった。

しかし、だからこそ、バスと正面衝突し、骨盤の複雑骨折、左足くるぶしや肋骨を骨折し、医師から再起不能と言われても、11ヶ月後には足を引きずりながら試合に復帰して2位、その5ヶ月後には全米オープンで優勝を成し遂げてしまうのだ。出場するだけでなく、出場したら完璧なゴルフを実行する精神力の強さもあった。

「私は練習したことのないショットを試合で使ったことがない」

そのホーガンの言葉は単に慎重だったわけでなく、完璧を求めていたからに他ならない。我々アマチュアはその正反対に、ほとんど練習したこともないクラブをコースで使い、やったこともないショットを試そうとする。そんなことを平気で行いながら、良いスコアで上がろうとする。そんなゴルフは、ホーガンにとっては無謀どころか、冒涜に値するものであり、「顔を洗って出直してこい」と言われるに違いない。いや、ホーガンの冷徹さからすれば、完全に無視されることだろう。

とにかくホーガンからすれば、「一も二も練習あるのみ。コースで上手く打つには、練習で完璧なまでに上手く打てるようにすること。そして、自信は練習以外につかめることはないことがわかる」ということになる。

「上手な人ほど練習している。下手な人ほど練習しない」

練習しないで上手くなることなどあり得ないのだ。

サム・スニード

飛ばしたいのなら リズムとテンポ

Sam Snead

サム・スニードはベン・ホーガンとバイロン・ネルソンと同じ1912年に生まれ。3人で熾烈な優勝争いを行ってゴルフ界を大いに盛り上げた。スニードは史上最高のスイングの持ち主と謳われ、PGAツアー歴代1位の82勝を挙げている。どんな球も思いのままに打てた天才と言われたが、実際はゴルフを深く追求した努力家であった。彼の知られざる飛ばしとスイングの考えを紹介したい。

Sam Snead

1912年5月27日、アメリカ・バージニア州生まれ。2002年5月23日、脳梗塞で89歳で死去。180cm、86kgの立派な体躯と運動神経抜群から野球、フットボール、バスケット、陸上などで多くの大学からスカウトされる。しかし家族のために賞金を稼げるプロゴルファーとなる。'50年に年間11勝を挙げるなど、生涯でPGAツアー歴代1位となる82勝を挙げている。メジャー優勝は7回。全米オープンを取れなかったが2位が4回ある。

1

ゆったりとしたテンポのワルツのリズムでスイングせよ

滑らかなワンピースのスイングで、史上最高のスインガーといわれたサム・スニード。ジャック・ニクラウスやトム・ワトソン、リー・トレビノなどトッププロから完璧なスイング、非の打ち所のないスイングと尊敬され、手本として真似もされた。

そのスニードが自らのスイングの秘訣について、「良いリズムとテンポによるものだ」と語っている。

つまりは、フォームを良くするように形作ったわけでなく、音楽を奏でるように振ったら、自然にスムーズで流れるような良いスイングになったというわけなのだ。

「私は音楽が大好きで、コースでもよくハミングしたり、口笛を吹いたりしていたものさ。スイングに良いリズムは3拍子のワルツ。テンポはゆっくりがいい。だから『メリー・ウィドウ・ワルツ』をよく口ずさんだものだよ」

　これはこのオペラの中の「唇は語らずとも」というデュエットの名曲。とてもロマンティックなメロディで、ダンスも含まれる。スニードはダンスも得意だったし、ギターやバンジョーも奏でた。

「飛ばそうとすると、どうしてもリズムやテンポが狂ってしまう。力んだりするからね。だから、そういうときこそ、歌を口ずさむようにゆったり振ること。そうするとスムーズに振れるのでヘッドスピードが上がるし、バランスの良いスイングになるのでクラブヘッドの芯に当たる。だから、振っていないのに飛距離が出てしまう。それは極意でも何でもないけど、アマチュアにはぜひ知ってもらいたいところだね」

　スニードはこうして自分では振っていないのに、驚く飛距離を発揮していた。あるPGAツアーのドラコン大会では3球の飛距離がトータル1005ヤード。平均335ヤードだった。パーシモンヘッドにバラタボールの時代にである。

「ドラコンは飛ぶだけでなく、フェアウェイキープできていなきゃダメだろう。だからドラコン大会でもいつもと同じ85%の力で振るようにしていた。それが方向も良く、一番飛ぶんだよ」

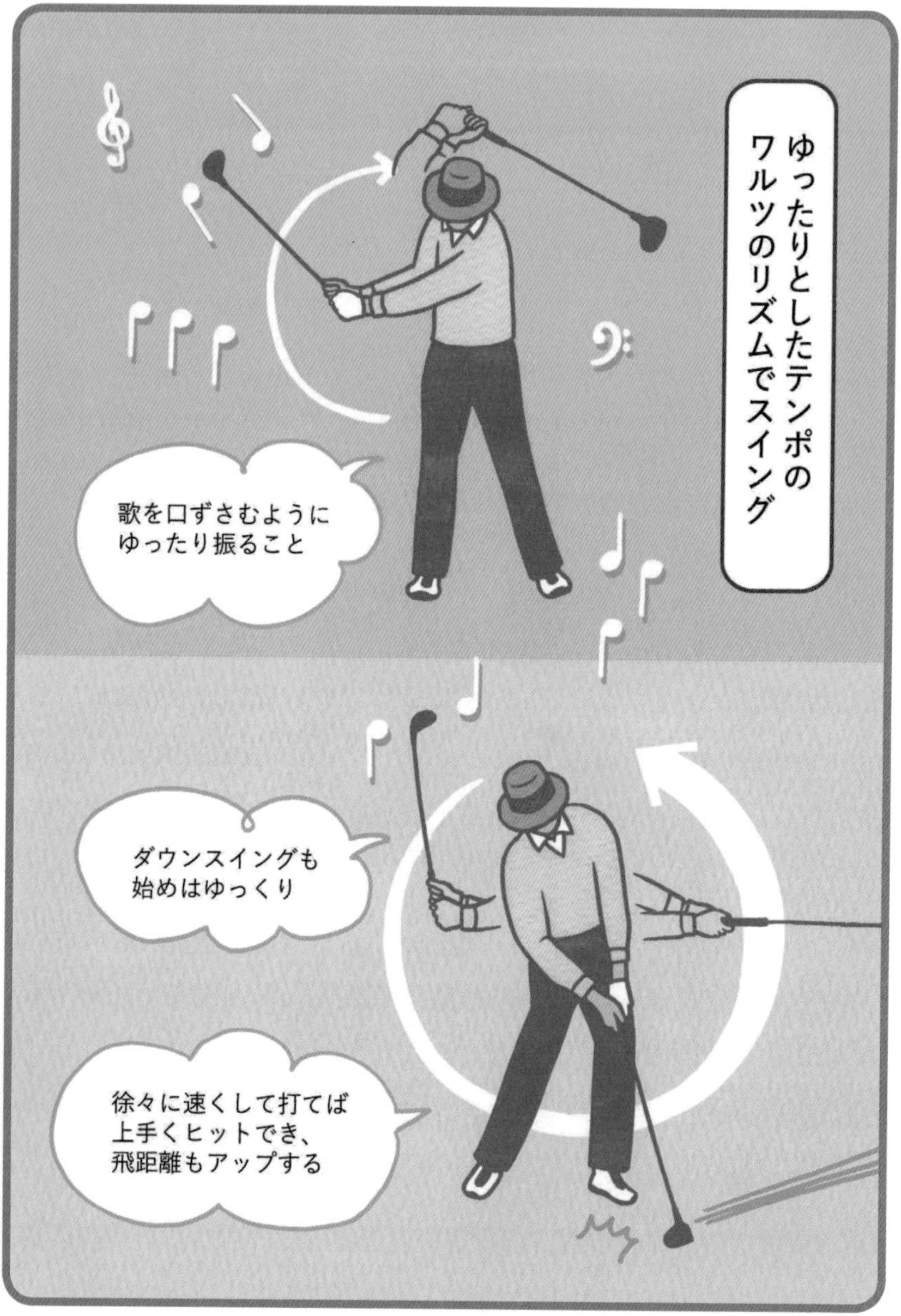
ゆったりとしたテンポの
ワルツのリズムでスイング
歌を口ずさむように
ゆったり振ること
ダウンスイングも
始めはゆっくり
徐々に速くして打てば
上手くヒットでき、
飛距離もアップする

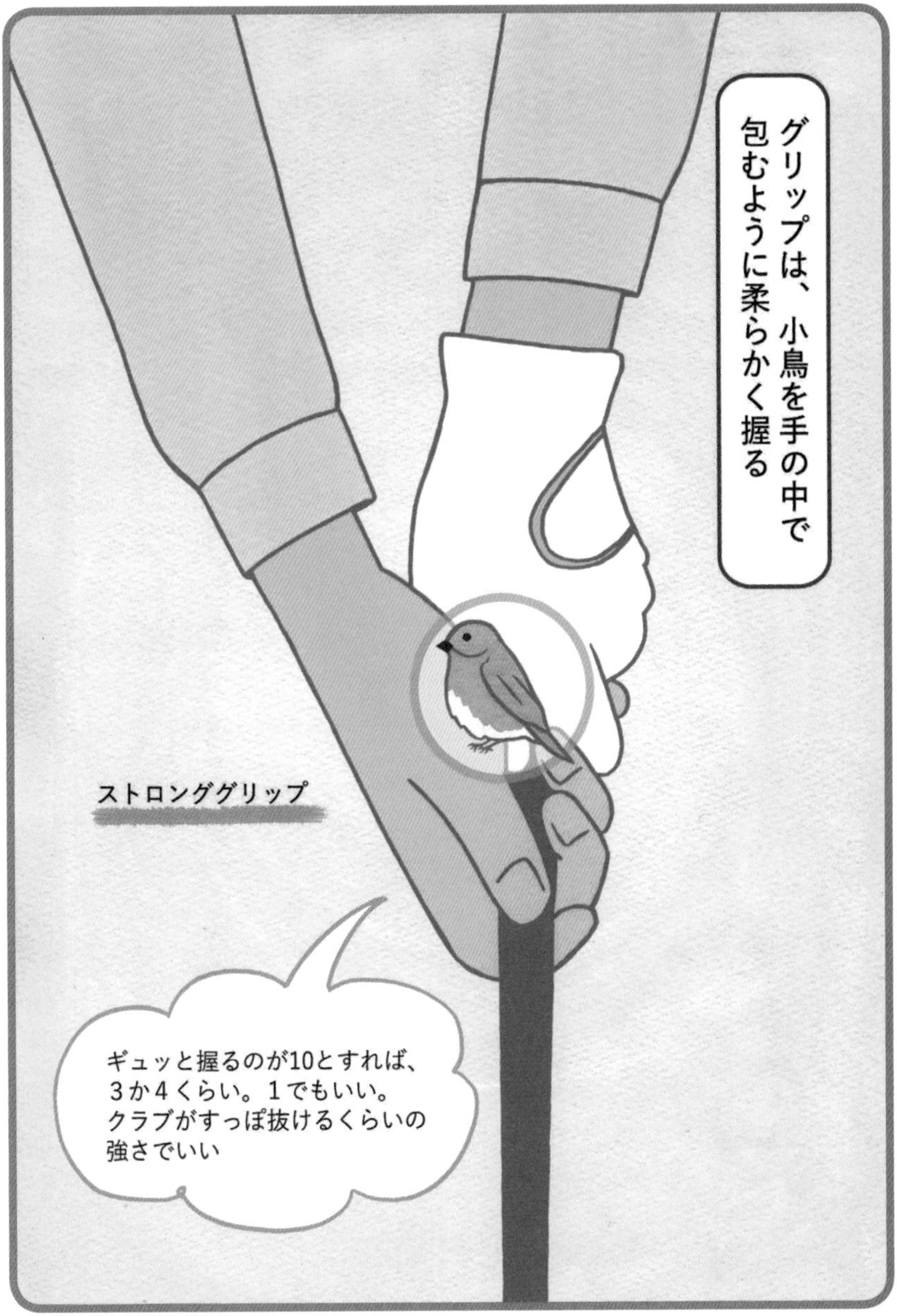
グリップは、小鳥を手の中で包むように柔らかく握る
ストロンググリップ
ギュッと握るのが10とすれば、3か4くらい。1でもいい。クラブがすっぽ抜けるくらいの強さでいい

2

軟らかいシャフトを使い、ヘッドが戻ってくるタイミングを学ぶ

ヴァージニア州の山岳地帯に生まれたスニードがゴルフらしき遊びをしたのは6歳のとき。木の枝で作ったクラブもどきで石ころを打ち、兄のホーマーと一緒に庭につくった4ホールを回っていた。ホールは地面に埋めたトマト缶だった。

スニードは言う。

「そんなクラブだからシャフトとなる枝はとても軟らかい。どう戻ってくるか、それを確かめなければ石ころを上手く打つことはできない。その後、ちゃんとしたクラブをつかうことになったが、シャフトは軟らかい木製のヒッコリーだったから、やはりヘッドがどう戻るかがわからなければ上手く打てない。手がどう動けばシャフトがどうしなり、どうヘッドが戻るか。それを覚えたことでヘッドをスクエアに戻して打てるようになったんだ」

スニードは軟らかいシャフトを使わざるをえなかったことで、インパクトでヘッドが戻るタイミングを覚えたのだ。これはシャフトがスチールになってもカーボンになっても上手く打てる重要なポイントである。

「速く振りたいと思って手を速く動かしたら、シャフトが軟らかいので、ヘッドが戻ってこない。インパクト付近で手を止めるからヘッドが勢いよく戻ってきてビュッと走る。ヘッドスピードが上がるんだ。そうした手とシャフトとヘッドの関係性を知ることが大事なんだ。そうすればタイミング良く打て、飛距離が伸び、方向性も良くなるのだ」

松山英樹も軟らかいシャフトが付いているアイアンで練習しているというが、これもタイミング良く振れることを覚えるためだ。スニードはそれを庭木の枝やヒッコリーシャフトで自然にマスターしていたのだ。我々も例えば軟らかいシャフトの女性用クラブを使って練習し、手を一瞬止めてヘッドをビュッと走らせることを覚えるといいかもしれない。

スニードは言う。

「スイングはリズムとテンポの他にタイミングが重要。ゆっくりバックスイングして、ダウンスイングも始めはゆっくり、徐々に速くして打てば上手くヒットでき、飛距離もアップするのだ。

3

グリップは、小鳥を手の中で包むように、力を入れずに柔らかく握る

音楽を奏でるように、スムーズにスイングするには力を入れないことが一番である。スニードは「いつでも85％の力でクラブを振っていた」と語っているが、そう思っても強く振ってしまうのがアマチュアの性である。

スニードは言う。

「強く振ろうとすると体が硬くなるので、スイングのバランスが悪くなる。リズムやテンポも悪くなるから、ミスショットになってしまう。力を入れずに打つためには、まずはグリップを柔らかく握ること。そうすれば肩や腕の力が抜けてリラックスできる。だから、決して握り締めてはいけないのさ」

では、具体的にどれくらい柔らかく握ればいいのだろう。

「豚の首を絞め殺すような握りはだめさ。小鳥を手の中で包み込むくらいの柔らかさ。傘を持つくらい、キャディがクラブを渡すくらいの強さと言ってもいい。ギュッと握るのが10とすれば3か4くらい。1でもいい。クラブがすっぽ抜けるくらいの強さでいいんだ」

確かにそれほどまで柔らかく握れば、体にも力が入らずにスムーズに振れることだろう。「柔らかく握ってもクラブが抜けないのは指でクラブを引っかけているから。左手は人差し指の付け根から小指の付け根にかけてクラブを置いて指で巻き付ける。手の平で握ろうとすると、どうしても力が入ってしまうよ。右手は添えるだけでいい。親指と人差し指はピストルの引き金を引くような形にして、決して握り込まないことだ」

左手も右手も親指と人差し指でできるV字は右肩を向くストロンググリップ。それがスニードのグリップだった。

「柔らかく握ると、手首も柔らかくなって、リストコックが使いやすくなるんだ。トップでは深くコックでき、インパクトの瞬間にパンと勢いよくリリースすることができる。指を弾くみたいにね。だからゆっくり振っているのに、ヘッドはしっかり走ってくれて、飛距離が出るんだ。ボールを飛ばすのに力はいらないんだよ。柔らかく握って、ゆったり振って、ヘッドを走らせる。そのことを練習をやって理解して、身につけて欲しいんだ」

4

クラブと体が一体となったワンピーステークバックを心がける

リズミカルで滑らかなスニードのスイングは、「ワンピーススイング」と呼ばれた。アドレスからフィニッシュまで止まるところがまったくなく、流れるような一つの動作で成り立っているというわけだ。

できそうでいてなかなかできないその「ワンピーススイング」。それを可能にするには、「スイングの始動に鍵がある」とスニードは言う。

「アドレスからクラブを動かし始めるテークバックで、下半身、上半身、手の動きを一体にすること。つまりワンピーステークバックにすることが重要なんだ。それには、ほぼ同時なのだけど、下半身が動き出してから上半身が動き、最後に手が動くという感じだ。下から徐々に連動していくイメージ。決して手から動かしてはいけないね」

足の裏、足首、膝、腰、胸、肩、腕、手という順番で連鎖していくというわけだ。つまりはそうした動き出しを実際にやれということではなく、あくまでイメージ、感じとして抱いてテークバックせよと言うことなのである。

「テークバックでも、ダウンスイングでも、フォロースルーでも足から動かす。下手なゴルファーは手を動かす。上手なゴルファーは膝から上を動かす。偉大なゴルファーはかかとから上を動かす。わたしは足の裏から、つまり地面から腕を動かす意識を持っている」

ゴルフはクラブでボールを打つスポーツ。それ故に、クラブを握っているのが手であるから、どうしても手で打ってしまおうとする。しかし、そこに上手く打てない原因があるとスニードは指摘するわけだ。足を動かしてから手を動かす。それをスイングの始動から心がけて欲しいというわけなのだ。そのコツをスニードが開かす。

「アドレスしたら、そのままテークバックするのではなく、一度、下半身を動かしてフォワードプレスを行う、またはワッグルを行う。そうして下半身を動かして、上半身をリラックスさせてからゆっくりとテークバックに入る。そうして、下半身から動かすイメージを持ってテークバックすれば、ワンピーステークバックとなり、それがワンピーススイングとなるわけだね」

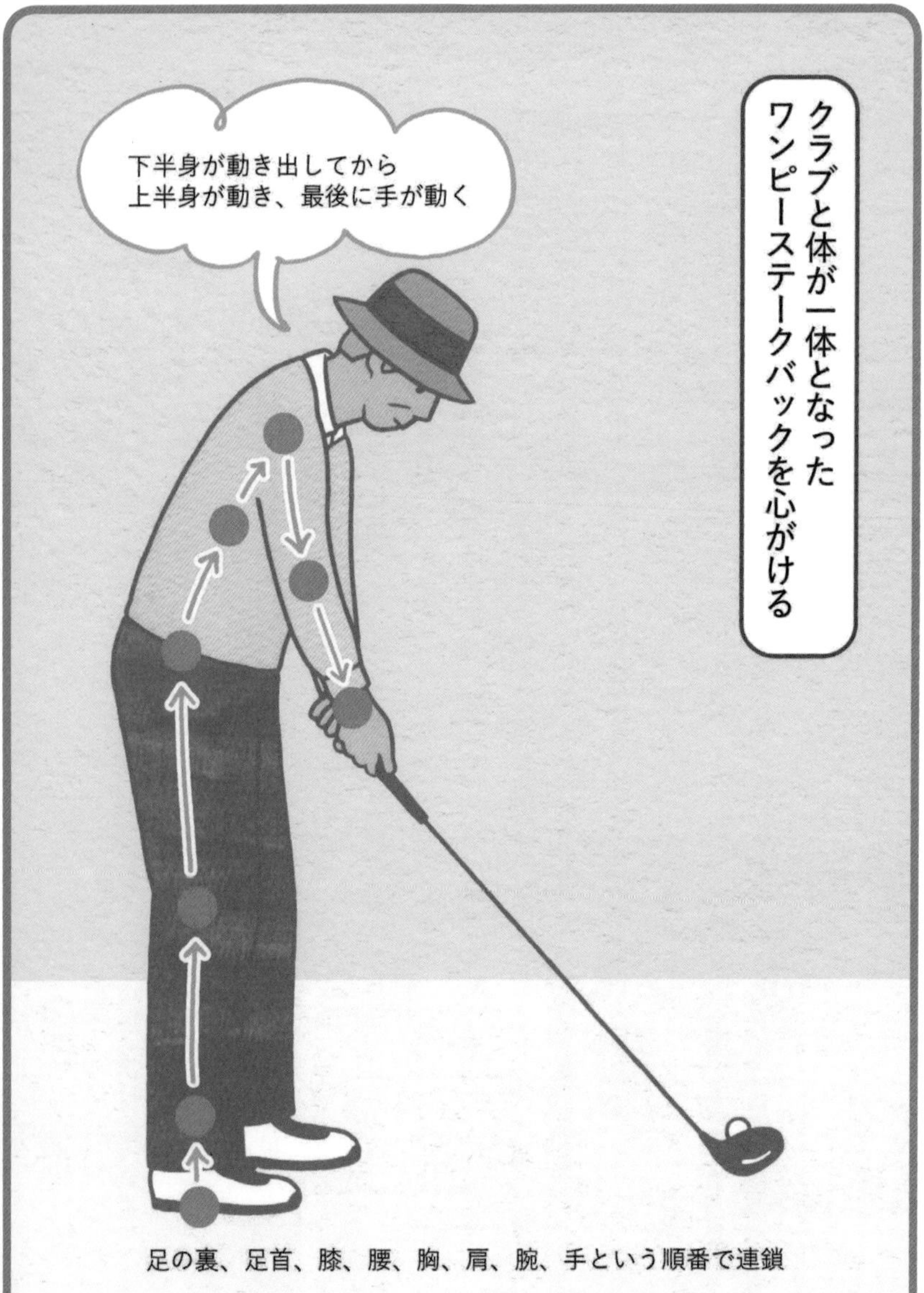

足の裏、足首、膝、腰、胸、肩、腕、手という順番で連鎖

足を踏ん張る
『スニードスクワット』
ダウンスイングのときに、まるでスクワットを行うように両膝が
開いて曲がり、腰がしっかりと入る

5

足を踏ん張る「スニードスクワット」を行って、ボールをしっかりと打ち抜く

スニードのスイング動作の中で最も有名なのが、「スニードスクワット」だ。ダウンスイングのときに、まるでスクワットを行うように両膝が開いて曲がり、腰がしっかりと入る。

この下半身の動き、「スニードスクワット」こそ、スニードの飛ばしの秘密だというスイングアナリストは多い。

本人はどう思っているのだろう。

「周囲が注目している『スニードスクワット』は、やろうとしてやっている動作ではないんだ。練習しているうちに自然にそうなった動きなんだね。元々は子供の頃からやらされていた薪割りの動きなんだと思う。斧で薪を割るとき、斧を頭の上から薪に振り下ろすわ

けだけど、そのときに両足を開いて腰をグッと落とす。そうすると、斧に勢いが付いて一気に薪が割れるわけだ。その動きがゴルフスイングに生かされたってことだね」

山岳地帯で生まれ育ったスニードは立ち木も斧を振って倒していた。それはまさにゴルフスイングであり、木を倒そうとすれば、腰を入れて足を踏ん張り、斧に勢いを付けたはず。それが「スニードスクワット」となり、飛距離アップの源になったわけだ。

スニード本人は意識せずともやれてしまった「スニードスクワット」だが、我々アマチュアはこれを意識的に取り入れて飛距離アップに役立てる必要があるだろう。

トップから切り返したときに、左足に体重を乗せていくわけだが、そのときに左膝と右膝が開くように曲げて、腰をグッと入れる「スニードスクワット」をしっかりと行う。それも、この「スニードスクワット」を行うまではクラブは決して振り下ろさない。「スニードスクワット」を行い、足を踏ん張ってから、クラブを振り下ろすのだ。

このタイミングを間違えてはいけない。「スニードスクワット」を行いながらクラブを振り下ろすように思えるが、それでは十分なパワーがクラブに伝わらない。「スニードスクワット」を行い、それと同時にコックを解かずに十分に溜めてから、一気にリリースする。そうしてクラブヘッドにスピードとパワーを与えるのだ。

6 裸足で練習すれば、足で地面を押しつけ、下半身の力でスイングできる

スニードが生まれ育った山岳地帯は、冬は雪で埋もれてしまうようなところだった。だから春になると大喜び。裸足でそこら中を駆け回っていたという。

「雪だったらどうしても靴を履かざるをえない。凍傷になってしまうからね。でも春になって雪が溶け、地面が見えてくれば、もう靴はいらない。裸足で地面を踏みしめたいって気持ちになる。だから、子供の頃から裸足は慣れっこだったわけで、それで足裏で地面を知ることができるようになったし、足裏の感覚も鋭くなったんだ」

スニードは鋭い足裏の感覚をゴルフスイングにも役立てた。裸足で練習したのだ。

「しょっちゅう裸足で練習したよね。裸足でスイングすると、がっちりと足で地面をつかんでいないと滑ってバランスが取れない。地面に足が伸びていって、根っこが生えてる感じになる。そうすると強く振ってもバランスが保てるよね。足を踏ん張る癖もつくし、そ

れがスイングを鋭くさせたよね。『スニードスクワット』も裸足がもたらしたものだと思う。足を踏ん張ることからパワーが生まれるんだね」

スニードの裸足の練習を当時のマネジャーであったフレッド・コーランが知り、1942年のマスターズで「サムは裸足でプレーができる」と吹聴、新聞記者と賭けをすることになった。

スニードが語る。

「マスターズのような神聖なコースで裸足でプレーするなんて失礼かと思ったけど、新聞記者たちが『そんなことをしたら足が折れる』と言うので、じゃあ、練習ラウンドで2ホールだけ裸足でやってみると言ったんだ。そうしたら、最初の1番ホールでバーディを奪い、次に9番ホールでバーディを取った。賭に負けた記者たちはみんな僕の周りから逃げていったよ」

スニードにとっては裸足のほうが上手くプレーできたのだろう。バランス良くプレーできるだけでなく、足の裏の感覚が鋭くなるから微妙な傾斜もしっかりわかる。それで起伏のあるオーガスタナショナルのフェアウェイからでも、ピンに絡むショットが打てたというわけなのだ。

7

低いティアップで少し打ち下ろすようにし、インパクトゾーンを長くする

サム・スニードのドライバーはヘンリー・ピカードからもらい受けたもので、「守護神」と呼び、生涯、このドライバー1本でプレーしてきたものだ。

ピカードはスニードやホーガンよりも6歳上で、マスターズや全米プロにも勝っている名プレーヤーだ。ホーガンにウイークグリップを教え、フッカーからフェーダーに変えさせた人でもある。

スニードは「守護神」のドライバーを使って300ヤード以上を飛ばしていたわけだが、そのためには「すくい上げないようにしていた」と語る。

「アイアンショットはすべて打ち下ろすように打っていたが、ドライバーでも少し打ち下ろすスイングをしていた。そのほうがしっかりとボールを打ち抜け、スイングもショット

も安定したからさ。このために、ティアップもすごく低くしていた。ボールを乗せるティの上の部分が芝に触れるくらい低くしていたんだ」

だからこそ直ドラでも上手く打てたわけで、「そんなことができるのはスニード以外にいなかった」とリー・トレビノが語っている。スニードは続ける。

「少し打ち下ろしていき、目標に向かって真っ直ぐ長いインパクトとなるようにスイングしていた。アイアンでは誰よりも長いターフを取っていたが、ドライバーでもヘッドに長くボールが接触しているように打っていた。だからこそ、打球には少しバックスピンがかかり、滞空時間の長い、飛距離の出るショットになっていたんだ」

スニードはこうして普段は軽いドローボールを打っていた。

「ドライバーショットでは少しだけ右足を引いていた。こうするとバックスイングで体を十分に捻ることができ、インサイドからクラブを振り抜けるのできれいなドローボールを打つことができた。『コートハンガー』と呼ばれる極端なフックを打つときはさらに右足を引いたものさ。その逆にフェードを打つときは左足を引いてカット気味に打った。フックもスライスも思いのままに打てたが、それは足の向きと狙いを変えるだけ。スイング自体は変えない。そのほうが簡単に打てるからだ」

裸足で練習すれば下半身の力でスイングできる
裸足でスイングすると、足で地面をつかみ、足から根が生えたようになってバランスが良くなり、しっかりと踏ん張れるのでパワーが生まれる

打ちたいショットを心の目で鮮明に描き、
それが打てる素振りをしてから打つ
まずはティグラウンドに立ち、
ホールレイアウトや、バンカー、
林、ＯＢなどを確認、風なども
考慮して打ちたいショットを
しっかりと決めること

8

打ちたいショットを心の目で鮮明に描き、それが打てる素振りをしてから打つ

スニードは断言する。

「ドライバーでナイスショットを打ちたいと思うのなら、単にナイスショットを打ちたいと思っているだけでは上手く打てない」

では、どうしろと言うのだろう。

「まずはティグラウンドに立ち、ホールレイアウトや、バンカー、林、OBなどを確認、風なども考慮して打ちたいショットをしっかりと決めること」

続いて次のことを行う。

「弾道を決めたら、打ち出しから空中に飛んでいく様子、落下して転がって止まるまでを鮮明に心の目で見ること。そして、そのショットが打てるよう、スイングをイメージして

しっかりと素振りを行う。そうしてから実際のボールに向かいアドレス、先程思い描いた弾道をもう一度イメージし、素振り通りにスイングする。これだけのことをすれば、必ずや自分の思い描くナイスショットが打てるんだ」

スニードは生涯、ショットをするたびに、ここまでのことをしっかり行っていたわけで、だからこそ、素晴らしいショットを繰り出すことができていたのだ。それに比べ、下手な我々はまったくそうしたことをせずにプレーしてきたのではなかろうか。であれば、ナイスショットが打てなくて当然とも言えるのだ。スニードは言う。

「わたしの場合、打ちたい弾道とは高い球、低い球、ドローやフェード、さらにはフックやスライスということになる。そのどれが一番最適化を考えてショットをイメージして打つ。いろいろなボールを操れると、コースを思いのままに攻めることができる。スコアは良くなるし、何よりプレーするのが楽しくなる。だからこそ、アマチュアもいろいろな弾道が打てるように練習して欲しいと思う」

スニードは練習好きだった。それはいろいろな弾道を打つために様々な実験をしたかったからだ。若い頃は車のヘッドライトを付けて夜中まで練習したという。

「ゴルフは練習でも試合でも楽しまないと。いつでも笑顔でプレーしなきゃいけないよ」

Arnord Parmer

アーノルド・パーマー

攻めるから楽しい。勇気を持って攻めろ

世界のゴルフ界を変革したアーニーことパーマー。
勇敢にピンを攻める姿はまさにアメリカンヒーロー。
失敗しても立ち上がり、ピンを狙っていく。
ハンサムガイはまさに西部劇の大スターと同じだった。
「ゴルフは攻めるから面白い。守っていたら勝利を逃す。
楽しいゴルフで自己ベストを目指そう」
パーマーの攻めるゴルフとはいかなるものか。
ショットからパットまで、すべてを解明する。

Arnord Parmer

1929年9月10日、アメリカ・ペンシルベニア州生まれ。2016年9月25日、心臓疾患の合併症で87歳で逝去。父からの教えで7歳からゴルフを始める。'54年全米アマを制し、プロ転向。PGAツアーは歴代5位の62勝、シニアツアーでも10勝を挙げ、全世界でプロ通算95勝。メジャー優勝はマスターズ4回、全米オープン1回、全英オープン2回の計7回、全米プロは2位3回。ゴルフ界に革命をもたらしたスーパースター。

1

「GO FOR BROKE！当たって砕けろ」ゴルフは挑戦しなきゃ楽しくない！

アーノルド・パーマーが世紀のスーパースターとなったのは、恐れを知らない果敢な攻撃ゴルフにあった。どんなときもピンをデッドに狙い、バーディを奪おうとする。その勇敢なプレーぶりにゴルフファンは痺れた。

しかもゲーリー・クーパーのような甘いマスクに、ズボンをたくし上げる姿は無骨なジョン・ウェイン。2大映画スターを足して2で割ったようなヤングガイがゴルファーになったのだから、「アーニーズアーミー」なる親衛隊ができてもちっとも不思議じゃない。ゴルフのテレビ放映も始まったばかりだから、アメリカ中がパーマー人気で大騒ぎとなった。

ピンをデッドに狙う攻撃ゴルフは父の教えが基本にある。祖父は英国からの移民で炭鉱夫だった。父はゴルフ場の管理係とクラブプロ。頑健な体と大きな手は祖父と父譲りで、その体と手をもって父は思い切りボールを叩くことを教え込んだ。

「ひるむな、恐れるな、やっつけろ」

ボールを打っては拾い、また打つの繰り返し。オーバーラッピンググリップと、スイングの基本を学んだ後は、ひたすらボールを強打した。上手くいかなかったら自分で考え矯正する。

「人真似なんかするな。自分の道をひたすら歩め」

フロンティアスピリットを携えて、パーマーは強くなった。自己流のスイング、アプローチも下手くそ、決して上手いゴルファーじゃなかったが強いゴルファーになった。

「攻めて上手くいけば最高！　失敗したら立ち上がって、また攻めればいい。そのうち成功する。成功体験を重ねていくうちに、どんどん成功の確率が上がる。勝てるようになる」

学生時代までは失敗のほうが多くて、全国的な選手にはなれなかったが、実力を上げて全米アマをとってプロになってからは破竹の勢い。１９５８年にはマスターズを制した。

「ゴルフは攻めるから楽しい。守っていたって面白くない。何事も挑戦することに意義がある。挑戦こそ最高の愉しみなんだ」

ゴルフはまずチャレンジありきだ！

自信のある自己流は、
自信なき正統派に勝る
HIT IT HARD !

運を嘆くことなく、
全力を尽くせ

我慢はチャンスをもたらし、幸運をももたらす

2

変則スイングでも固めたら強い。自信ある自己流は、自信なき正統派に勝る

「HIT IT HARD！ボールを強く打つ！」

子供の頃からひたすらボールを強く打っていたために、パーマーのスイングは変則となった。トップで渦を巻き、頭が沈み込んで、ハードヒットしたら、あとはハイフィニッシュ。ハイフィニッシュはパーマースイングの力強さの象徴である。この変則スイングとハードヒットから生まれる弾道は恐ろしく低かった。パーマーの身長より高くなることはないとも言われたくらいだ。プロになったとき、このパーマーのスイングとショットを見て、21歳年上のトニー・ペナが言い放った。

「あのスイングじゃ大成しない。違う仕事をしたらいい」

この言葉にパーマーは発憤。自分のスイング、自分のショットを全うして勝とうとする。

「信念を曲げるな」

これも父の教えだった。パーマーはプロ転向後すぐにＰＧＡツアーに勝利し、3年後にはマスターズを制覇する。最初に挑戦した時は、オーガスタの速いグリーンには高い球で止めるほうがいいかとも思ったが、自分のスイングとショットを信じた。

「ティショットはセカンドが打ちやすい場所に放ち、セカンドは低くてもしっかり打てばボールは止まると信じた」

マスターズは4度制し、3勝を挙げた全英オープンでは嵐のような暴風雨の中、低い強弾道で攻撃し続けて、他の選手を圧倒してしまう。

「全英は私に有利なトーナメントだ」

そう豪語して勝ち抜いた。メジャー通算7勝、ＰＧＡツアー62勝を挙げる。

では、パーマーのスイングを批判したペナはどうかと言えば、ＰＧＡツアーに4勝しただけでメジャー優勝はなし。

パーマーは言う。

「変則スイングでもそれを固めれば大きな武器になる。自信のある自己流は、自信なき正統派に勝る」

3
能力の限りを尽くす、運命を嘆かない、尊厳を持って行動する

パーマーの父、ディーコンは人として尊厳を持って生きることを信条にし、そのことをパーマーに教え込んだ。それはゴルフにおいても実行される。

「ルールに則って正当なゴルフをし、運を嘆くことなく、全力を尽くせ」

ゴルフは自分が審判のゲームである。それは神の前で正直なゴルフをせよということでもある。パーマーは父の教えを頑なに守った。

全英オープンに初めて勝った1961年、この試合の2日目にパーマーは「ボールが動いた」と自己申告し、2打罰を受けている。暴風雨が吹き荒れる嵐の中で、誰も知らないことを正直に申告した。それでも驚異の1オーバーであがり、しかもパーマーはその後2度にわたる奇跡的なリカバリーショットを放って優勝を遂げたのだ。

「最終日の15番がキーホールだった。ティショットを右にプッシュして、フェアウェイから僅か1m外れただけで1m以上のラフ。キャディがウェッジを取り出したのをしまわせて、6番アイアンで渾身のショットを放った。ナイスオンしてパーを拾い優勝した。大歓声が上がったよ」

まさにパーマーゴルフの真骨頂を英国人に見せた格好だった。彼は正直な申告とミラクルショットで英国でもスーパーヒーローとなった。

「父からいつも言われていた。ルールに則って相手を負かさなければ意味はないと。だからボールはあるがままを大前提にプレーした。動けば2打罰に決まっている。自分に正直でいたから神様が私を優勝させてくれたのだ」

また、パーマーはマナーも重視した。

「これも父の教えだ。ゴルフは紳士のゲーム。それはマナーを尊ぶことで遵守される。人の良いショットには賛辞を贈る。人の前を歩かない。同伴者のプレー中はジッとしている。クラブハウス内では帽子をとる。すべて当たり前のことであり、マナーを重んじるスポーツはゴルフしかない。ゴルファーはそれを誇りにするべきだ」

パーマーは人としても一流だったからこそ、「キング」と呼ばれたのだ。

4

我慢がゴルファーの価値を決める。我慢はチャンスと幸運をもたらす

パーマーはプレーが上手く行かなくなるとイライラが募った。特にショートパットを何度も外したときにはイライラが爆発し、パターをブッシュに投げ込んだこともあった。もちろん、厳格な父がそれを許すことはない。こっぴどく叱られたものだ。

「紳士たるもの、人を不愉快にするなかれ」

パットを何度かミスしたくらいで切れる男など男の中の男ではない。人生を決する大事なときに耐え切れなくなって、敗北者になるというわけだ。

父の戒めを頑なに守ったパーマーだが、60年のマスターズでは勝ちたい欲が募り、その掟を破ってしまう。最終日、スタートでの1打差のリードが保てず、13番、15番とバーディとなるべきパー5を寄せに失敗して取りこぼすと、パーマーは怒り心頭に達し、ウェッ

ジをキャディに投げつけてしまった。キャディはパーマーを睨みつけた。

「パーマーさん、気でも狂ったのですか?」

その顔は父にそっくりだった。パーマーは反省し謝罪した。そこからは堪えに堪えてプレーを進めていった。すると、我慢はチャンスをもたらすのだ。

残り3ホールとなった大詰めの16番パー3で、7mの寄せがピンに当たりパー。これを不運と思わずに運が向いてきたと思うところがパーマーだ。

17番で9mのパットを打つときは、この距離が長いなどとはまったく思わなかった。ただただ、入れることだけに集中する。アドレスを二度仕切り直したあと、ショートだけはしないと誓って強めに打った。ボールはカップの縁に止まったかに見えたが、最後のひと転がりでカップに吸い込まれた。

拳を突き上げて18番ティへ走り出したパーマー。この最終ホールで快心のショットを連発し、ピン2mに付けた。入れたら優勝だ。

「ゴルフ人生で最も重要なパットだ」

そう自分に言い聞せると、なぜか入るような予感がした。深呼吸をし、ボールだけに集中した。打ったらコトンという音を立てた。パーマー、マスターズ2度目の優勝である。

DENOISE!
雑音をシャットダウン
集中力を高めて勝利をものにする
1つのことしか考えない、
それはピンを狙う、カップに
入れるということだけだ
ボールを打つことに集中する

勝ったと思うな
勝ったと思えば負ける
頭を残して振り抜くことだけを考えろ！

5
「DENOISE《デノイズ》！」雑音をシャットダウンし、集中力を高めて勝利をものにする

パーマーが強かったのは、ここぞという勝負所で驚異的な集中力を発揮することができたことにある。高い集中力が奇跡的なショットやパットを生み出したのだ。

「1つのことしか考えない。それはピンを狙う、カップに入れるということだけだ。そして、ボールを打つことに集中するのだ」

相手のことはもちろん、ギャラリーのこと、コースの景色、成功するか、失敗するかといったことは一切排除する。そうすれば集中力は自然に高まってくると断言する。

パーマーの並外れた集中力は2度目のマスターズを制覇した'60年の全米オープンでも発揮された。

「なんとしてもナショナル選手権に勝ちたい」

スタートホールは短い打ち下ろし。ドライバーで打てばワンオン可能だ。攻撃一筋のパ

ーマーは当然、毎回1オンを狙うが、ことごとく失敗して躓き、最終ラウンド前には首位に7打差を付けられた。この差を逆転して優勝したものはこれまで1人もいない。友人からも「優勝は無理だね」とスゲにされ、そうなると逆に「やってやろうじゃないか」と燃えるのがパーマーという男。

最終ラウンドは目の色が変わり、三度も失敗したスタートホールでいきなり見事なワンオン。イーグルこそ逃すが、楽々バーディを取るや、アドレナリンがどんどん湧き出すのを感じ、2番、3番、4番と4連続バーディ。

5番こそパーとしたが、6番、7番と連続バーディ、8番をボギーとしたが攻め続け、とうとう11番でトップに追いついてしまうのだ。

その後はパーが続くが、攻める気持ちは一向に衰えない。最終18番もピンを狙うが惜しくも左に外れ深いラフ。ピンまで30ヤード、深呼吸を何度もしたあと、ウェッジで上から叩いて寄せ、カップまで2m。

パーマーは心を静め、すべての音をシャットアウト。「DENOISE、デノイズ!」と言い聞かせてウイニングパットを決めた。なんと24人をごぼう抜きにした歴史に残る大逆転優勝を成し遂げたのだ。

6

パー5は第2打でグリーンを狙う。「刻み」の言葉は私の辞書にない

攻撃ゴルフでファンを熱狂させたパーマー。1964年のマスターズでもそれは実行された。

「前年はニクラウスが優勝した。私が彼にグリーンジャケットを着せてやった。今年は付添人はご免だ。だから、ニクラウスだけには勝たせないと、試合前から熱く燃えていた」

初日からパーマーチャージが炸裂。69であがると、2日目は68で首位に立つ。3日目は本人がマスターズベストラウンドという快心のプレーで69、2位と5打差を付けた。

「最終日の18番グリーンへは優勝間違いないの気持ちで、大歓声を浴びながら歩きたい」

そんなパーマーの夢を成し遂げるべく、最終日も絶好調だった。アウトで2位との差をさらに離して、15番ホールにやって来た。

豪快にティショットを放つと、スプーンを抜いたパーマー。すると、一緒に回っていた親友のデイブ・マーが驚いた顔を見せた。

「ヘイ、アーニー、まさか池越えの2オンを狙うんじゃないよな」

そんな危険を冒す必要などどこにもない。池前に刻んで3オンがセオリーというわけだ。

「集中しているときに余計なことを言うな！」

パーマーはグリーン奥のジョージア松に沈む太陽目がけて思い切りボールを叩いた。真っ赤な夕日に輝くパーマーの顔はまさに千両役者だった。が、本人、逆光でボールの行方がわからなかった。

「どうなった、デーブ？」

マーは笑顔を浮かべて言った。

「アーニー、ボールだけじゃなく、ディボットの芝まで池を越えていったぜ」

やはり、パーマーは千両役者だった。アーニーアーミーはもちろんのこと、ゴルフファンのすべてがパーマーのチャージに期待している。その期待を裏切ることなど絶対にできない。それは2位との差など関係ない。パトロンを喜ばせることがパーマーの使命だった。

「これが私のゴルフ。『刻む』という文字は私の辞書にはない」

7

勝ったと思うな。勝ったと思えば負ける。頭を残して振り抜くことだけを考えろ！

ボールを打つことしか考えないと言うパーマーだが、それにはスイングにおける重要な事柄を実行する必要がある。

「頭を残して、クラブをしっかりと振り抜け」

これも父の教えだ。教えはいたってシンプルだが、それだけに忘れやすい。

１９６０年の2度目のマスターズ優勝の翌年もまた、パーマーはこの盟主の祭典を制覇できるところだった。最終日最終ホールの第2打までは。

‘61年マスターズ、パーマーは初日68、2日目69であがり首位に立つが、3日目に73を叩き、やがてビッグ3の1人になるゲーリー・プレーヤーに4打差を付けられた。日曜は嵐で延期、月曜が最終日となった。プレーヤーは74と崩れ、17番でパーマーが1打リードして首位に返り咲いた。

最終ホールのティショットはフェアウェイ左サイドをキープ。「あとは7番アイアンで乗せるだけ」と思って歩いていたときに、仲のいいジョージ・ロウが「もう勝ったようなものだ」と笑顔でパーマーの腕を叩いたのだ。すっかりその気になったパーマーのセカンドショットは顔が早く上がった打ち急ぎ。打球はグリーン右のバンカーに飛び込んだ。

パーマーのショックは隠しようがない。父の教えを忘れたのだ。慌ててバンカーに入って打つと、ホームラン。僅かに沈んでいたライの確認を怠ったのだ。

「ミスをしたら深呼吸」

この父の教えも怠った。群がるパトロンの中にボールは飛び込み、寄らず入らずのダボを叩いてしまい、プレーオフさえ逃して敗北してしまったのだ。

パーマーは「頭を残せ」を忘れて、'66年の全米オープンでも大逆転負けを喫する。71、66、70で2位に3打を付け、最終ラウンドのアウトを32で回り、2位に7打差をつけた。

ここでまたもやパーマーは「もう勝ったも同然だ」と思ってしまう。集中力が欠如し、「頭を残す」ことを怠ってしまう。13番からボギーを連発して、17番を終えて差は0になり、翌日のプレーオフで無残に敗れてしまうのだ。

ロングパットは
勇気を持って強く打て!
ロングパットが入るときは
強過ぎると思ったときだ。
勇気を持って強く打て
臆病なパットにチャンスはない

パッティング
フォーム
ボールを真上から見て、
頭を動かさず、ゆっくり
滑らかにストロークする
リストを使っても、インパクトで
パターフェースが狙ったラインに
スクエアになっていれば問題ない

8
勇気を持って強く打て。臆病なパットにチャンスはない

「どこからでもパーマーは入れた」

ニクラウスはパーマーの絶頂期のパッティングが脅威だった。

どんなに距離があってもカップを狙って強く打つ。パーマーのパットはピンに当たることがしばしば。狙い澄ましてガツンと入れ込んでしまうのだ。

そんなパーマーのパッティングフォームは小さく屈み込んだものだった。背中を丸めて両脚をX脚に締め、リストを使って打つ。背筋を伸ばし、リストを使わずにストロークで打たなければいけないという指摘が数多くあった。

しかし、パーマーは自分のパットを信じていた。

「強めのパットはラインを膨らませなくて済む。カップを大胆に狙っていける。しかも返

しのパットはラインがわかっているから入れやすい。ショートしてたら、いくら打っても入ることは決してない。強めのパットだから、どこからでも入れることができるんだ」

伝説のゴルファー、トム・モリスの名言は「届かなければ入らない」だ。

「リストを使っても、インパクトでパターフェースがラインにスクエアであれば問題ない」

パーマーはこうも言っている。これは今やコンピュータ解析でも実証されている。問題はフェースの向きだけ。パーマーは高い集中力でスクエアにすることできたのだ。こうしてマスターズや全英オープンなどメジャー大会を制していった。

その全英オープンで、妻の助言からパットの基本を見直したことがある。

連覇がかかった'62年の全英オープン。パーマーは得意のはずのパットが不調だった。ショットは完璧なのにパットが入らない。イライラからガッカリに変わりつつあるとき、愛妻のウイニーが「頭が動いているようよ」と耳打ちしたのだ。これは父からの大事な教えと同じだった。

「ボールを真上から見て、頭を動かさず、ゆっくり滑らかにストロークする」

パーマーのパットはこれで蘇った。第3ラウンドはワンパットが9回で67で回って首位、最終ラウンドは69にまとめて、2位に6打差を付けて優勝したのだ。

Jack Nicklaus

ジャック・ニクラウス

左足で大地を踏み込め！

ジャック・ニクラウスは全米アマに2勝したあとにプロに転向し、すぐに全米オープンに優勝。その後、次々にメジャーを制し、マスターズ6勝、全米オープン4勝、全英オープン3勝、全米プロ5勝の、通算18勝は今も誰もが破れない金字塔である。そんな帝王のショットはドライバーを凄い迫力でぶっ飛ばした、アイアンショットは地響きがしたほどの強烈さでピンを刺した。それは左足で大地を踏み込んで打ったからこそ。飛ばしたいのなら、ニクラウスのフルスイングを学ぼう。

Jack Nicklaus

1940年1月21日、アメリカ合衆国オハイオ州生まれ。父からゴルフを教わったニクラウスは10歳のときにジャック・グラウトのレッスンを受け、素質が磨かれる。'61年に全米アマを制し、'62年プロ入り。プロ勝利数は115、うちPGAツアー73勝は歴代3位。メジャーはマスターズ6勝、全米オープン4勝、全英オープン3勝、全米プロ5勝の歴代1位の18勝。ニックネームは「帝王」と「ゴールデンベア」。

1 地響きがするほど、左足を踏み込め！

ジャック・ニクラウスは1940年、オハイオ州コロンバスで生まれた。父、チャールズは元フットボール選手でテニスも上手く、ゴルフはスクラッチプレーヤーだった。そうしたスポーツマンの血を引くニクラウスは10歳でゴルフを始め、最初のラウンドがハーフ51というもの。

生涯のコーチ、ジャック・グラウトからゴルフを習うや、13歳で70を切るほどまでに上達していた。とはいえ、陸上や野球もしており、フットボールやバスケットではハイスクールのスター選手だった。

そんなニクラウスはオハイオ州立大学に進学、ゴルフ1本に絞っていた彼は、'59年に全米アマに優勝し、'60年に世界アマに出場してアメリカを団体優勝に導き、個人タイトルも獲得した。'61年に再び全米アマに優勝してプロに転向、翌'62年に全米オープンのタイトルを手にしてしまうのだ。それも当時、絶大な人気と実力を誇っていたアーノルド・パーマーを破っての優勝だった。

ヒーローであるパーマーの宿敵となったわけだから、ニクラウスは当然ヒール役。それも身長が180cmで体重が100kgを超えており、髪型もクルーカットだから熊にしか見えない。「ゴールデンベア」はあとから付いた良いニックネーム。当時は興奮すると顔が真っ赤になるため、「レッドベア（赤熊）」と呼ばれていた。

しかし、巨漢だけにスイングの迫力はパーマーだけでなく、ベン・ホーガンはおろか、サム・スニードさえ叶わない。フットボールやバスケットで鍛えた足腰は強力で強靭。フットワークを大胆に使い、上体をフルスピードで回転するのだから、飛距離は恐ろしく出た。

左足かかとを大きく上げるヒールアップ。そこからの左足の踏み込みは地響きがしたほど強かった。アイアンショットではさらにボールと地面を打つヘッドの音がもの凄く、地割れがするのではないかと言われたほどのものだった。ボールはおろか、ターフも大きく舞い上がった。

まさにそれが帝王、ニクラウスのフルショットである。

ボールを打たずにフルスイング

振って振って振りまくる
それを日々行ってこそ、
本物のスイングが身に
ついてくる

足を使い、体を回転、
そのあとで手がついてくる
打つときには手に
力を込めない。
力を入れるのは、
足なのだ。
そうして、クラブを
一気に目標へ振り抜く
クラブの真芯でボールをとらえ、
ニクラウスならではのパワーフェードが打てる

2

ボールを打たずにフルスイング。振って振って振りまくれ！

ゴルフは、クラブを使ってボールを打つことが義務づけられているスポーツだ。当然ながら、手で打つことはできない。しかし、クラブで打つからこそ、遠くへ飛ばせるとも言える。

ところが、我々アマチュアは、遠くへ飛ばそうと思うと、上手く当たらなくなる。体が動き過ぎ、頭も動いてしまうからだ。そこで、当てたいと思えば、体を動かさない小さな情けないスイングになってしまうのである。当然、ニクラウスのようなフットワークを使ったダイナミックなスイングとはほど遠いものになってしまう。

とはいえ、ドライバーで飛距離を稼ぐには、小手先の当てるスイングでは不可能だ。そんなスイングではアイアンショットもダウンブローには打つことはできない。フットワークを使い、上体をフルに回転してこそ、成し遂げられるのだ。

ニクラウスは言う。

「まずはボールを打たずに、クラブを思い切り振ってみることだ。野球ならば野手がホームランを打つように、投手なら剛速球を投げ込むように。フットボールなら、大きなキックを蹴るように、ロングパスを投げるように。体全体を使って、もうこれ以上はできないというほどのフルスイングをすることだ」

上体を大きく捻り、その反動を使って体をフルスピードで回転させるのだ。ニクラウスのこの教えはヘッドスピードを効率よく上げるとか、スイングアークを大きくするといった、ゴルフにありがちなレッスンなどは問題外の外の外。スポーツマンだからこそのスイングの神髄が込められている。

クラブを振るとはいかなることなのか。一振りに賭けるゴルファーの熱情こそが最も大事だということである。振って振って振りまくる。それを日々行ってこそ、本物のスイングが身についてくるということなのだ。

先ずはボールに当てることなど考えない。思い切りクラブを振り抜くことを体に染み込ませるのだ。それこそが飛ばしの基礎の基礎である。

3
足を使い、体を回転、そのあとで手がついてくる

クラブをこれ以上は無理というほど振っていくと、自然に足を使っている自分がいる。ヒールアップは自然にするだろうし、体重移動も大きくしていくだろう。左足の踏み込みも強くなって行くに違いない。

この足の動きに従って、腰も一気に回るはずだ。腰の回転、切れというものでクラブを振り切るようになっているだろう。さらにそれにつれて、肩もフルに回転しているだろう。

思い切ってクラブを振ろうとすれば、手はもちろん速く振ろうとするし、腕も速く振ろうするに違いない。しかし、振って振って振り込んでいくと、手や腕を速く振っても大してクラブが速く振れていないことに気づく。手や腕には力を入れず、足の動きや腰や肩の動きに従って、手や腕が振られる感じにするほうが、よっぽどヘッドが走ることがわかっ

てくるはずだ。ニクラウスは言う。

「手や腕を速く振っても、大してクラブは速く振れない。手や腕のことは一旦忘れて、足を使って体だけを回転してみる。そうすると手が後から付いてくる感じになるだろう。それがクラブを速く振るコツなのだ。体全体を使って手や腕を振れば、うんと速くクラブを振ることができる。そのことをクラブを振り込むことでぜひとも体感して欲しい。そうすれば、速く振る限界点がどんどん上がってくる。ヘッドスピードがどんどん速くなるのだ」

ゴルフのレッスン書にはよく「手や腕には力を入れるな。そのほうが速く振れる。要はでんでん太鼓」といった記述があるが、そう言われても我々アマチュアはなかなかできない。思わず手から振り下ろしてボールに当てに行ってしまう。しかも手に力を込めて振ってしまうのだ。再びニクラウスの言葉。

「グリップは力を入れないこと。腕や肩に力が入るようではいけない。そのグリップの強さを変えずにスイングする。足と体の動きに合わせてスムーズに手を動かすことだ」

打つときには手に力を込めない。力を入れるのは、足なのだ。そうして、クラブを一気に目標へ振り抜いてしまうのだ。そうすれば、クラブの真芯でボールをとらえ、ニクラウスならではのパワーフェードが打てるというわけだ。

4 全力スイングで頭を動かさずに打て

全力素振りで、足が使え、体が回転し、それにつれて手が振れてきて、ヘッドが走るようになったら、いよいよボール打ちである。

目の前にボールがあっても、全力素振りと同じようにクラブを振ること。素振りのリズムとテンポを守って、思い切りボールを打つのだ。

これでいきなり上手くボールを打てたら申し分ない。しかし、小さなボールを、昔よりはクラブヘッド大きくなったとはいえ、小さなヘッドで打つのである。そうは上手く当たらない。当たらなくて当然なのだ。

では、全力スイングで、どうすればボールに当てることができるのだろうか。それはずばり、頭を動かさないことである。ニクラウスは言う。

「頭を動かさないでスイングすれば、どんなに思い切り振ってもボールに当たる。上下左右、頭を動かさない。それを守ればいいのだ」

ニクラウスはゴルフをやり始めた子供の頃、コーチのジャック・グラウトがニクラウスの髪の毛をつかみ、「思い切りクラブを振ってみなさい」と指導されている。頭が動いたら、髪の毛が抜ける。恐怖である。しかし、だからこそ頭を動かさずにフルスイングができるようになった。さらにこれをやらされてからボールがクラブヘッドの真芯をとらえだした。こうしていかに頭を動かさないことが大事なのかを体験したのだ。

ニクラウスにライバル心を抱いた中部銀次郎もまた、頭を動かさないことを自ら肝に銘じたゴルファーだ。中部はそのために壁におでこを付けたままクラブを持たずに素振りを行った。頭を上下左右に動かないようにしたのだ。

もちろん、頭を動かさないスイングを身につけるために、中部流の練習をしても良いのだが、ニクラウスは頭の位置は動かさずとも顔は左右に動いて良いと考えている。というのも、頭のてっぺんの髪の毛をつかんでスイングしたときに、顔は動いても頭の位置が変わらなければ髪の毛が抜けることはなかったからだ。

それはともかく「頭を動かさずに全力でスイングせよ」である。

全力スイングで頭を動かさずに打て

頭を動かさないで
スイングすれば、
どんなに思い切り
振ってもボールに当たる

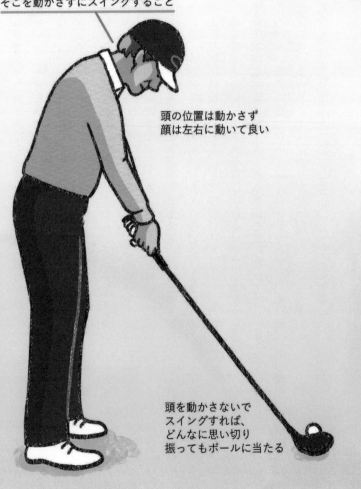

インパクトを想定したアドレスを作ること

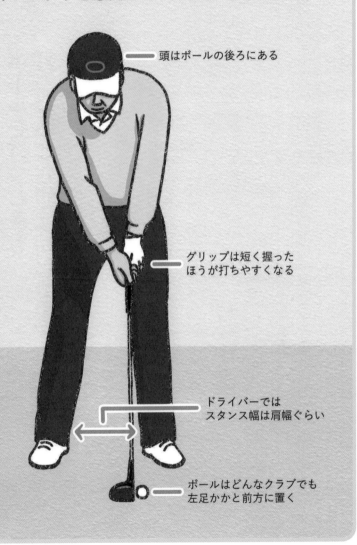

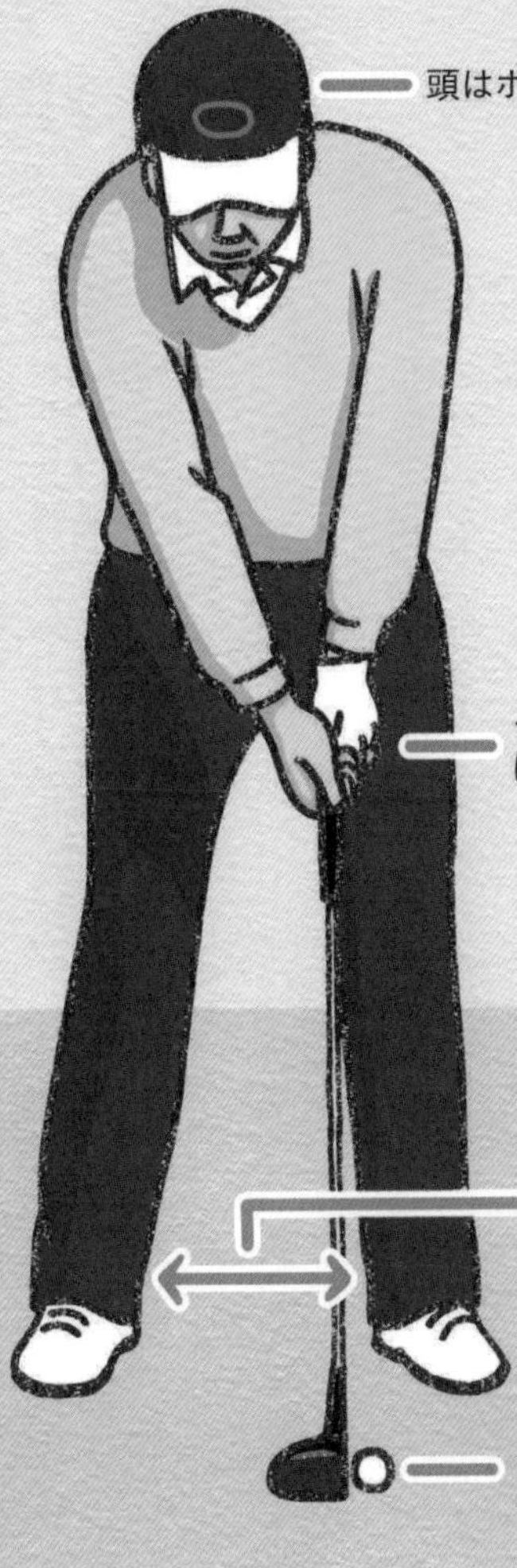
頭はボールの後ろにある
グリップは短く握ったほうが打ちやすくなる
ドライバーではスタンス幅は肩幅ぐらい
ボールはどんなクラブでも左足かかと前方に置く

5
ボールを打つときも打ったあとも頭は同じ位置

頭を動かさない。しかし、顔は動かしていい。

ニクラウスはそれを髪の毛をつかまれた素振りによって身につけたわけだが、それによって、バックスイングではクラブヘッドの動きと一緒に顔が右に動く。顔というよりもアゴが右に動くので「チンバック」と呼ばれる動作がニクラウスの特徴となった。

ニクラウスは言う。

「顔が右に動くのは、左目でボールを見るからだ。こうして顔を右に動かせば、肩が回りやすい。より深く高いトップが作れる。ダウンスイングでも左目でボールを見続けて、インパクトを迎える。こうすれば左サイドの壁が崩れない。体が早く開くことを防ぎ、ヘッドが走るし、強いインパクトとなる。頭の位置はボールを打ったあとも同じ。つまりはボールがあったところを見続ける。これがスイングの中で最も大事なことだ」

頭の位置はアドレス時でもボールの後ろにあるから、インパクトでも頭はボールの後ろにある。これを「ヘッド・ビハインド・ザ・ボール」というが、スイングの間、それは変わらず、インパクトのときもボールを打ったあともそうなっている必要がある。そうすればボールは上手く当たり、さらにはしっかりとつかまって、目標に飛ぶというわけなのだ。

このことを「頭を残せ」という表現も使う。インパクトを終えても頭はインパクトと同じ所にある。頭を早く上げる、ヘッドアップは絶対に禁止。ボールの行方など気にせずに、ボールのあった場所を見続けることが肝心なのだ。

ちなみに、ニクラウスが顔は動いても頭が動かないのは、首の後ろの付け根をスイングの中心に据えているからだ。

ニクラウスは言う。

「首の後ろの付け根を意識して、そこを動かさずにスイングすること。そうすれば頭の位置は変わらない。敢えて言えば、その首の後ろの付け根に直結している背骨を軸に体を回転すれば、頭を動かすことなく、スムーズに体が回転する。腕はそれにつられるように振れればいいのだ」

6 インパクトを想定したアドレスを作ること

クラブがボールに当たるかどうかは、当然のことながら、インパクトにかかっている。ヘッドの芯でボールをとらえ、しかもスクエアなフェース向きになっていなければ、目標には飛んでくれない。

どうすれば良いインパクトができるのか。それはアドレスにかかっている。アドレスがインパクトを想定しているものになっているか。それが問題だとニクラウスは断言する。

「アドレスはアドレス自体が良ければそれでいいというものではない。スイングはアドレスから始まるのでそうなりやすいのだが、大事なのはボールを打つことになるインパクト。なので、いくらアドレスが良くても、インパクトを想定していないアドレスでは良いアドレスとは言えないのだ」

では、インパクトを想定したアドレスとはどんなものなのか。ニクラウスは言う。

「クラブを振ったときに、その軌道上にボールがあるというアドレスだ。アイアンであればクラブが地面と接するところ。ドライバーならばそこからティアップ分上にあるところ。そこがインパクトになるのだから、そこにヘッドが必ず通るアドレスにするのだ」

ニクラウスがクラブ別に語ってくれる。

「私の場合、ボール位置はどんなクラブでも左足かかと前方にある。ちなみにドライバーではスタンス幅は肩幅ぐらい。クラブが短くなるに従って右足を左に寄せていき、ウェッジではスタンス幅が15㎝くらいと狭くなる。このボール位置でクラブフェースをスクエアに合わせる。左腕とシャフトは真っ直ぐに伸びる。よって、手の位置は右足太ももの内側くらいになり、ボールよりも先に来るハンドファーストになっている。頭はボールの後ろにある。よって右手の甲が見えている。つまり、このアドレスで右膝が左膝に寄っていればインパクトの形になる。このようにインパクトを想定したアドレスになっているから、良いインパクトができるのだ」

まさに「インパクトはアドレスの再現」の言葉の具現化。でもそれは、「アドレスがインパクトの想定」でなくては不可能なのだ。

7

上体を深く捻り上げ、右膝を左膝に寄せるトップ

インパクトを想定したアドレスができたら、テークバック。ニクラウスはグリップと両肩とできる三角形を崩さずにクラブを真っ直ぐ引く。それも話したように、顔もヘッドの動きに合わせて右に向けていく。コックは使わずに、手が腰の高さにいくまでそうやってゆっくりとクラブを引く。

腰の高さまで手を上げたら自然に右肘が曲がり、コックを使って腕を上げていく。肩を縦に回転するように、横には引かずにクラブを上げていく。腕が肩の高さになった頃、クラブは真上に上がる。このまま下ろせば重力を使えるので速く振り下ろせるという位置である。ニクラウスは言う。

「クラブを背中に回し込むようなバックスイングはいけない。いわゆるフラット過ぎるバ

ックスイングだが、それを行うと、ダウンスイングでクラブを引っぱり戻さなければならなくなる。重力を使えず、速く振ることはできない。アップライトに上げていくことだ」

フルスイングの場合、手はさらに上がっていき、トップでは首の後ろまで上がる感じだ。左腕は伸ばし、クラブは決してオーバースイングになることはない。

このトップまで、足は左かかとが上がって、左膝が右膝に寄っていく。腰はそのままの位置で水平に回転し、右にずれることはない。左膝は「く」の字に曲がり、右膝は伸びているようにも見えるが、アドレスのまま軽く曲がっている。腰は水平に大きく回っているため、尻が目標を向くぐらいだ。高椅子の右半分だけ腰をかけている感じ。体重は左足にかかっているのではないかと思えるが、右足にしっかりと乗っている。そして、これがニクラウス独特のトップの形である。

ニクラウスは言う。

「下半身はフットワークを使って右足に体重を乗せ、上半身は大きく捻り上げる。もうこれ以上捻り上げられないところまで上げるから、反動が起きてダウンスイングに移れる。トップではとにかくパワーを溜めること。力強いスイングにできるし、打ち急ぎも防げるのだ」

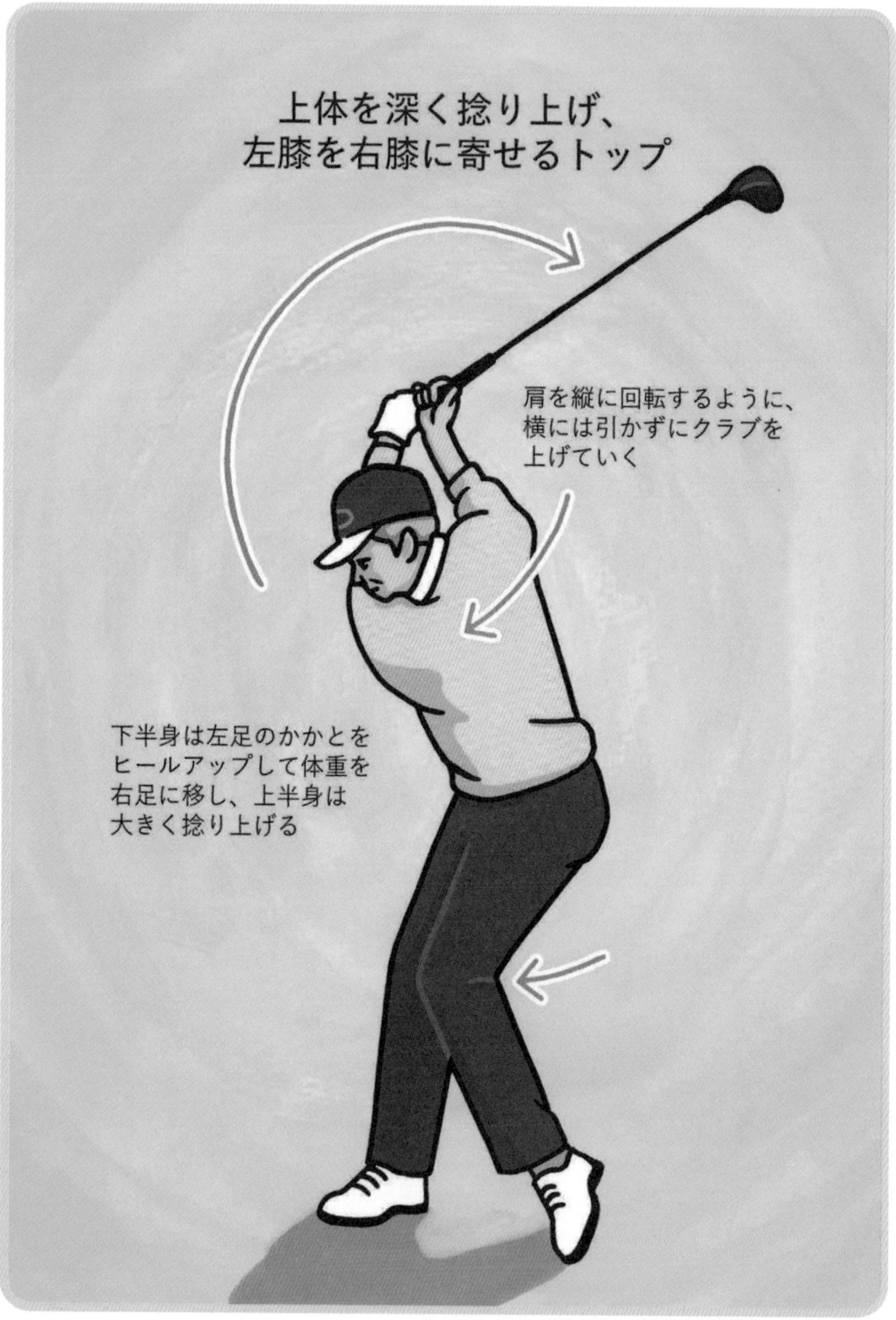
上体を深く捻り上げ、
左膝を右膝に寄せるトップ
肩を縦に回転するように、
横には引かずにクラブを
上げていく
下半身は左足のかかとを
ヒールアップして体重を
右足に移し、上半身は
大きく捻り上げる

インパクト
頭の位置は
ボールの後ろ
インパクトでは、
左肩、左腰、手、
左膝、左足が一直線
インパクトの直前に
一気にコックを解いて
ヘッドを走らせる
右足で地面を蹴り上げて
ボールを強くヒットする

8

ダウンスイングの手順はバックスイングの逆手順

ダウンスイングはどのように行うのか。ニクラウスは次のように言う。

「ダウンスイングの手順はバックスイングの逆の手順になる。これを頭に入れておいて欲しい。どういうことかと言えば、バックスイングは手が動いて、体が動いて、足が動く。ダウンスイングは足が動いて、体が動いて、最後に手が動くということ。つまり、ダウンスイングの始動は、何よりも左足を踏み込むこと。私の場合、上げたかかとを地面に踏み戻すことなのだ」

ここに、ニクラウスの真骨頂がある。バックスイングで左膝を右膝に送り込んで上体を捻り上げていったら、左足を強く踏み込む。踏み込んだ時点でもまだ手は上がっているくらいのタイミングで行う。左足を踏み込んだら、腰が回り、右肘が下り、ようやく手が振り下ろさせる。こうしてコックを解かずにヘッドを遅らせておきながら、インパクトの直前に一気にコックを解いてヘッドを走らせる。ニクラウスが言う。

「最初に素振りで覚えた、足と体を使ってから、腕と手を使うスイング。腕と手が、足や体の動きによって振られるというスイングだ」

こうすると、インパクトでは、左肩、左腰、手、左膝、左足が一直線になる。つまり左足に体重が乗ったまま、ハンドファーストでボールをとらえている。このときに頭の位置はボールの後ろ。右足で地面を蹴り上げてボールを強くヒットする。アイアンであれば、ボールを打ってから、ターフを取るということだ。

ニクラウスは言う。

「インパクトは体重が左足にかかって、ハンドファーストでボールをヒットする。つまりスイングの最下点はスタンスの中央ではなく、左足に寄るわけで、それをあらかじめアドレスで行ったのが、どんなクラブでもボール位置は左足かかと延長線上だということ。だからこそ、上手くボールをとらえられる。しかも長いインパクトゾーンが取れる。ボールが押せて厚いインパクトとなる。ドライバーなら飛距離が出るし、アイアンであれば、ダウンブローにヒットできる。長いターフが取れるというわけだ」

デイブ・ストックトン

努力は要らない！感性でパットせよ

Dave Stockton

デイブ・ストックトンは並外れたパット力を持って
メジャー5勝（シニアを含む）を挙げた名手。
指導者としても、フィル・ミケルソンなどの
パット力を向上させ、マスターズ優勝などをもたらせた。
そんなストックトンの教えは、
目から鱗が落ちるほど明快で単純なもの。
我々、アマチュアにも大いに役立つ素晴らしいものだ。
1つ1つ、具体的に詳しく教えてもらおう。

Dave Stockton

1941年11月2日、アメリカ・カリフォルニア州生まれ。'64年プロ転向。PGAツアー10勝、チャンピオンズツアー14勝などトータル25勝。メジャーは全米プロ2勝、USシニアオープン3勝とトータル5勝を挙げている。これまでにフィル・ミケルソン、アニカ・ソレンスタム、ヤニ・ツェン、アダム・スコット、ロリー・マキロイなど、多くのプロにパッティングの指導をしている。2人の息子とゴルフスクールを主催している。

1
自分の名前を書くようにパットしてみる。そう、無意識にパットを行うのだ

デイブ・ストックトンは飛距離が出るほうではなく、さほど正確にも打てないプレーヤーだった。しかし、アプローチは抜群、特にパッティングは素晴らしかった。'72年は90ホール以上も連続で3パットをしなかったほどだ。

パットで優勝をもぎとり、全米プロを2度も制している。シニアになってもパット力は衰えずUSシニアオープンなど3度のメジャー優勝を成し遂げ、今尚多くのゴルファーが彼のパットを見るだけでもいいと近づいてくる。そんな若手の一人、ショーン・オヘアがストックトンの練習パットを見てたまげた。

「信じられないほどリラックスしている。そして、いとも簡単にパットを沈めてしまう」

実は、この言葉にストックトンのパット上手の秘訣が隠されているのだ。

ストックトンは言う。

「リラックスできているということは、無意識にパッティングがやれているということです。自分の名前をすらすら書けるようにね」

ストックトンはパットを習いに来た人に、まずは自分の名前を紙に書かせる。そして、次に書いた名前の字を真似て書いてみてと言うのだ。

「一度目は何も考えずに書くからすらすら書ける。でも、2度目は真似をしなくてはと意識するから上手く書けない。自分の名前なのにです。多くのゴルファーは2度目の名前を書くようにパッティングしている。だから上手く打てないのです。パットをするときには何も意識しない。最初に自分の名前を書いたようにパッティングすれば良いのです」

パッティングするときに、あれやこれや考えない。上手く打とうとか、カップに入れようとか、誰かのストロークを真似しようとか、ヘッドをどこまでどう引こうなんて考えるから難しくなるというわけだ。

「テクニックやメカニズムは考えない。自分がやりやすいように、自分の感性に従って自然に打つことです。動物的な人間の本能のまま打てば良いんです。素晴らしい転がりを得られ、カップに入れることができるのです」

ラインの読み方

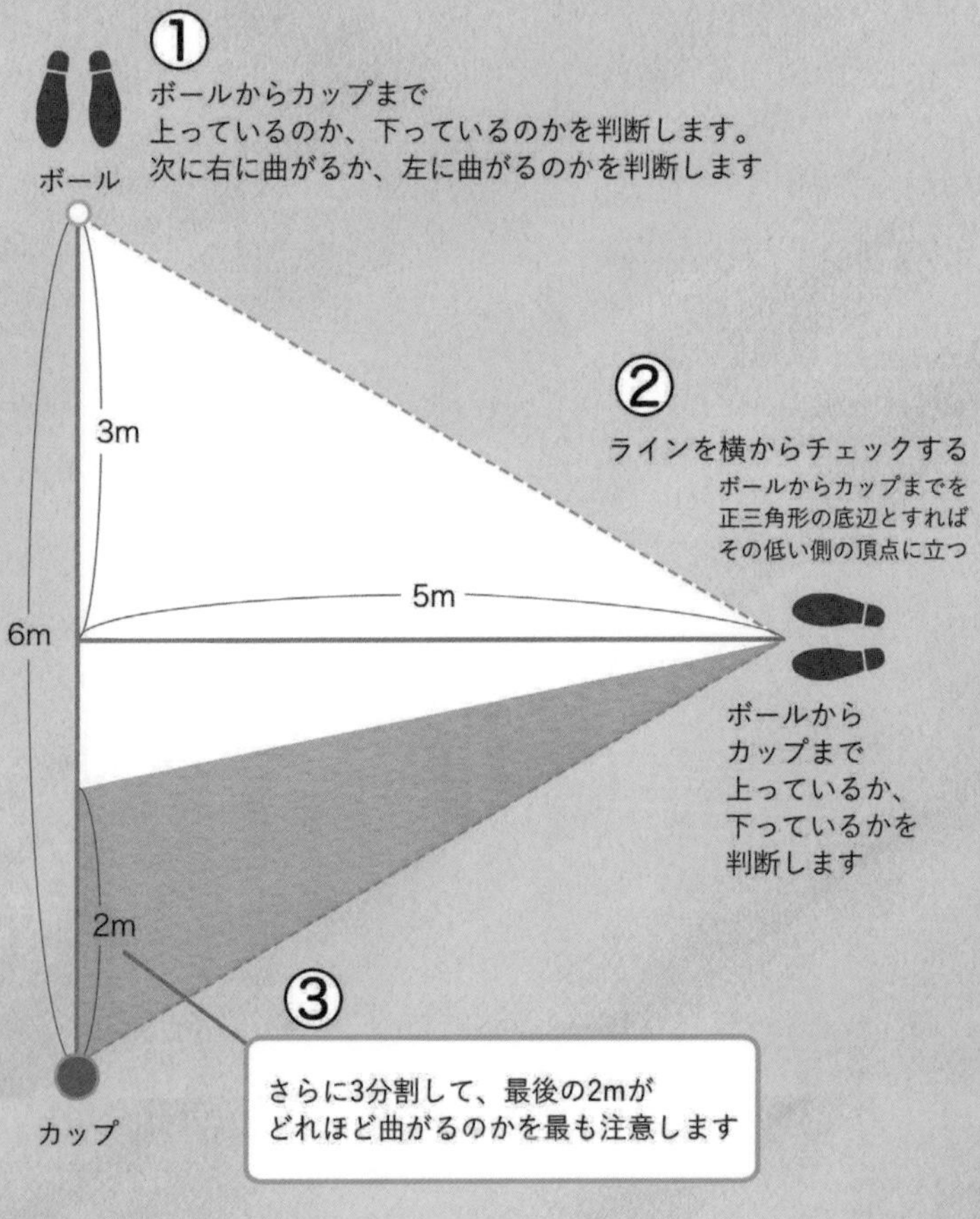
①
ボールからカップまで
上っているのか、下っているのかを判断します。
次に右に曲がるか、左に曲がるのかを判断します
ボール
3m
6m
5m
②
ラインを横からチェックする
ボールからカップまでを
正三角形の底辺とすれば
その低い側の頂点に立つ
ボールから
カップまで
上っているか、
下っているかを
判断します
2m
③
さらに3分割して、最後の2mが
どれほど曲がるのかを最も注意します
カップ

練習のときからフォワードプレスを行う

練習のときからやっておけば習慣となって、本番でも無意識に行うことができ、スムーズなパッティングを可能にしてくれます

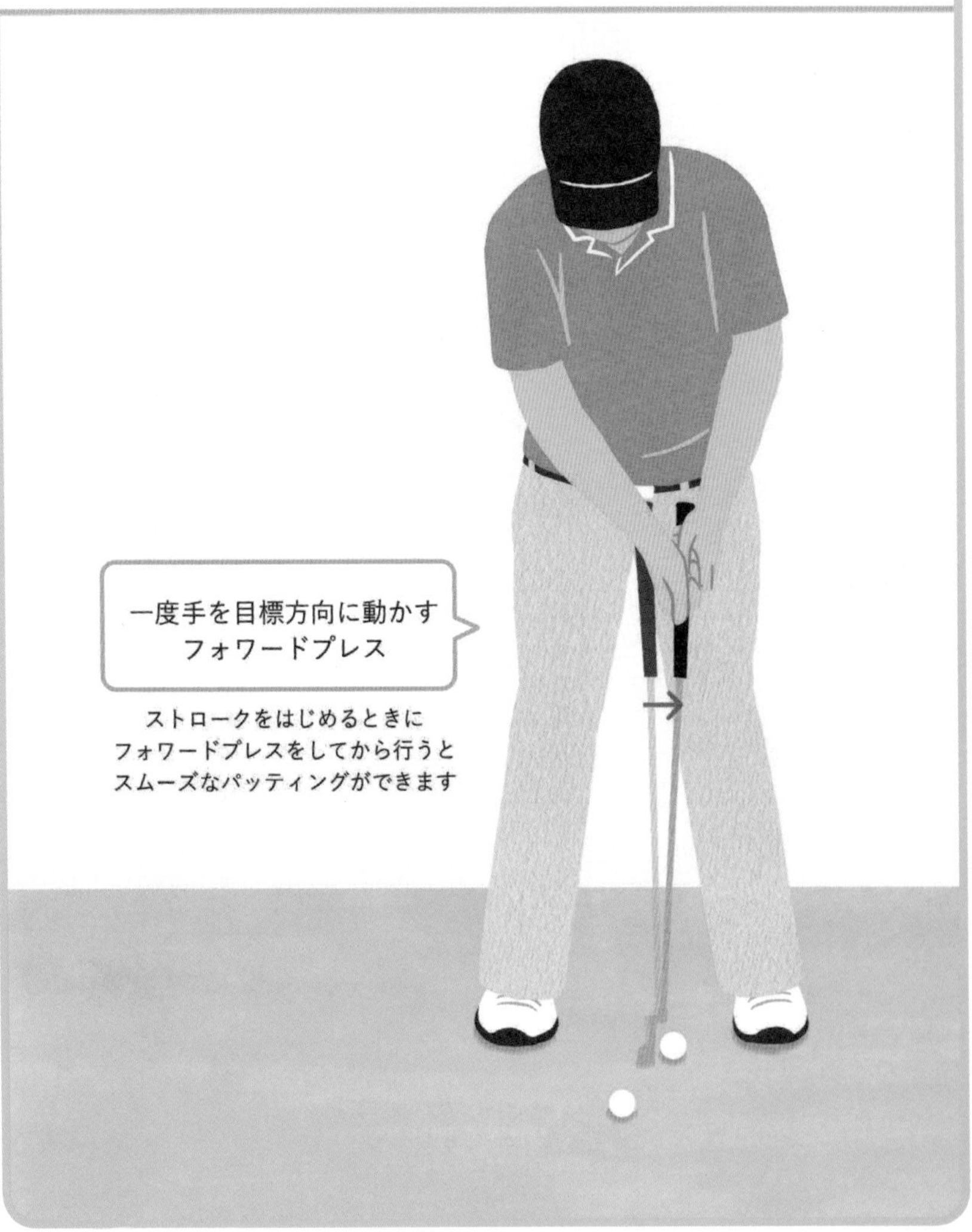
一度手を目標方向に動かす
フォワードプレス
ストロークをはじめるときに
フォワードプレスをしてから行うと
スムーズなパッティングができます

2

ボールからカップまでどのように転がるか、傾斜や距離を感じてラインをイメージする

「人間が本来持つ動物的な感性に従ってパットを行う」

ストックトンはそう言うが、実際はどのようにパットすれば良いのだろう。

「まずはボールからカップまでどのようにボールが転がるかをイメージします。グリーンの傾斜を感じたり、距離の遠近を感じたりして、ボールが転がっていくラインをイメージするわけです」

ラインをイメージするのは、最初はわかりにくいかもしれないが、感性を研ぎ澄ませ、経験を積めば自然とわかってくるものだと言う。

「ゴルフなどをやったこともない子供にパットをやらせてみると、最初からかなり上手く打つものです。感性が鋭いので、何球かパットするうちにちゃんとカップに沈めたりす

る。それもゲーム感覚で面白がってやるからか、ストロークはスムーズ、ボールの転がりも良い。だからナイスパットになるんです」

そうした子供のような無邪気なパットを我々大人もやるべきだというわけである。

「手の動きやパターヘッドの動きなどはまったく考えない。ただボールからカップまでのイメージしたラインだけを思い浮かべて、ボールがそのライン上を転がるように打てばいいだけです。そうすればかなりの確率でカップインできると思いますし、仮に外れてもOKに寄せられます」

そのために肝心なことがあるとストックトン。

「ラインを読んでイメージできたら、そのラインから決して視線を逸らさずにボールに近寄ることです。そしてタッチの感性が自分の中にあるうちにボールを転がすように打つわけです。打つ前に素振りはしない。ボールの後ろで転がりをイメージするとき、タッチをつかむために利き手を振ることはやりますが、実際にパターで素振りをすることはない。そんなことをしたら、せっかくイメージしたラインが消滅してしまいます」

ボールからカップまでのラインをイメージしたら、そのイメージが消えないうちに打ってしまうことなのだ。

3

ラインの読み方を教えます。時間をかけずにテンポ良く行おう

ボールからカップまでのラインをイメージすると言っても、上手くできないゴルファーもいるだろうし、自分のやり方が正しいのか不安なゴルファーもいることだろう。

「実はラインをイメージできれば、どんなやり方でも良いのです。本人がやりやすいやり方できちんと読めればそれでいいわけです。ただし、時間をかけ過ぎてはいけない。自分の決めたラインを疑い出すことになるし、パッティングのリズムが悪くなる。さっさと読んで、さっさとパットすることです」

そう言うストックトン本人のラインの読み方も聞いてみよう。

「まずはボールからカップまで、上っているのか、下っているのかを判断します。パットは強さが最も大事です。タッチが良ければ、外れてもOKになります。それにはどれほど

上っているのか下っているのかを把握することです。次に右に曲がるのか、左に曲がるのかを判断します。強さがわかれば、どれほど曲がるかも自然にわかると思います。つまり、この時点で大まかにラインが描けるというわけです」

ボールからカップを見て大まかにラインを把握したら、ラインを横からチェックする。

「ボールからカップまで6ｍあるとしたら、半分の3ｍの、それも低い側の、ラインから約5ｍ離れた地点に立ちます。つまり、ボールからカップまでを正三角形の底辺とすれば、その頂点に立つわけです。こうするとボールからカップまで上っているか、下っているかがより克明にわかりますし、低い側から見ているので、どれくらい山なりに曲がるかがよくわかります」

ストックトンはさらにラインを3分割して考える。

「曲がり方はボールの勢いがなくなるカップのそばが一番大きくなります。6ｍの距離なら、最後の2ｍがどれほど曲がるのかを最も注意します」

こうしたチェックを終えたらボールまで戻り、ラインを明確に描くのだ。

「カップの向こう側からラインを見る必要ないです。時間がかかるし、迷うばかり。カップまでの半分で十分です」

4

ラインをイメージできたら、いつものルーティンで構え、ストロークする

ボールからカップまでのラインをイメージできたら、どのようにボールに近づき、打てばよいのか。

「それがルーティンです。いつも同じように行い、自分のリズムを作ることが素晴らしいパットを生み出します」

ストックトンのルーティンを教えてもらおう。

「ボールの後方でラインをイメージしたら、2度3度右手を振って、ボールを転がすイメージを持ちます。こうすると転がりのスピードがイメージでき、タッチの感覚を持てます」

つまり、仮想ボウリングを行うというわけだ。

「タッチの感覚がつかめたら、ラインを見ながらボールに近づきます。最初に右足、次に

左足を置きます。両手でグリップして、パターヘッドをボールの前方に置きます。スタンスを調整して、パターヘッドを持ち上げてボールの後方にセットします。一度だけ、カップまでのラインを再確認し、ボールの15㎝先のライン上のスパットを見ながら、そこを通るようにパットを行います。この間ラインに対する集中力は絶対に切らさないことです」

ボールの後方でも横でも素振りはしない。ラインへの集中力が途切れてしまうからだ。「ストロークを開始するとき、私はフォワードプレスを行います。パットは打ち始めるときが難しい。一度手を目標方向に動かすフォワードプレスは、ストロークを開始するきっかけになります。緊張せずにストロークを始められます。フォワードプレスは、バックスイングの一環だと私は考えていて、特別なものとはとらえていません」

ストックトンはこのルーティンを練習のときから行っている。

「私は2個のボールを使って練習しますが、1球1球、きちんとルーティンを行ってパットします。練習のときからやっておけば習慣となって、本番でも無意識に行うことができ、スムーズなパッティングを可能にしてくれます」

ルーティンで大事なことはラインから目を逸らさず、打ち終わるまでラインに集中し続けること。ボールは「打つ」のではなく、「転がす」ことである。

グリップ・スタンス・利き目など
セットアップの基本

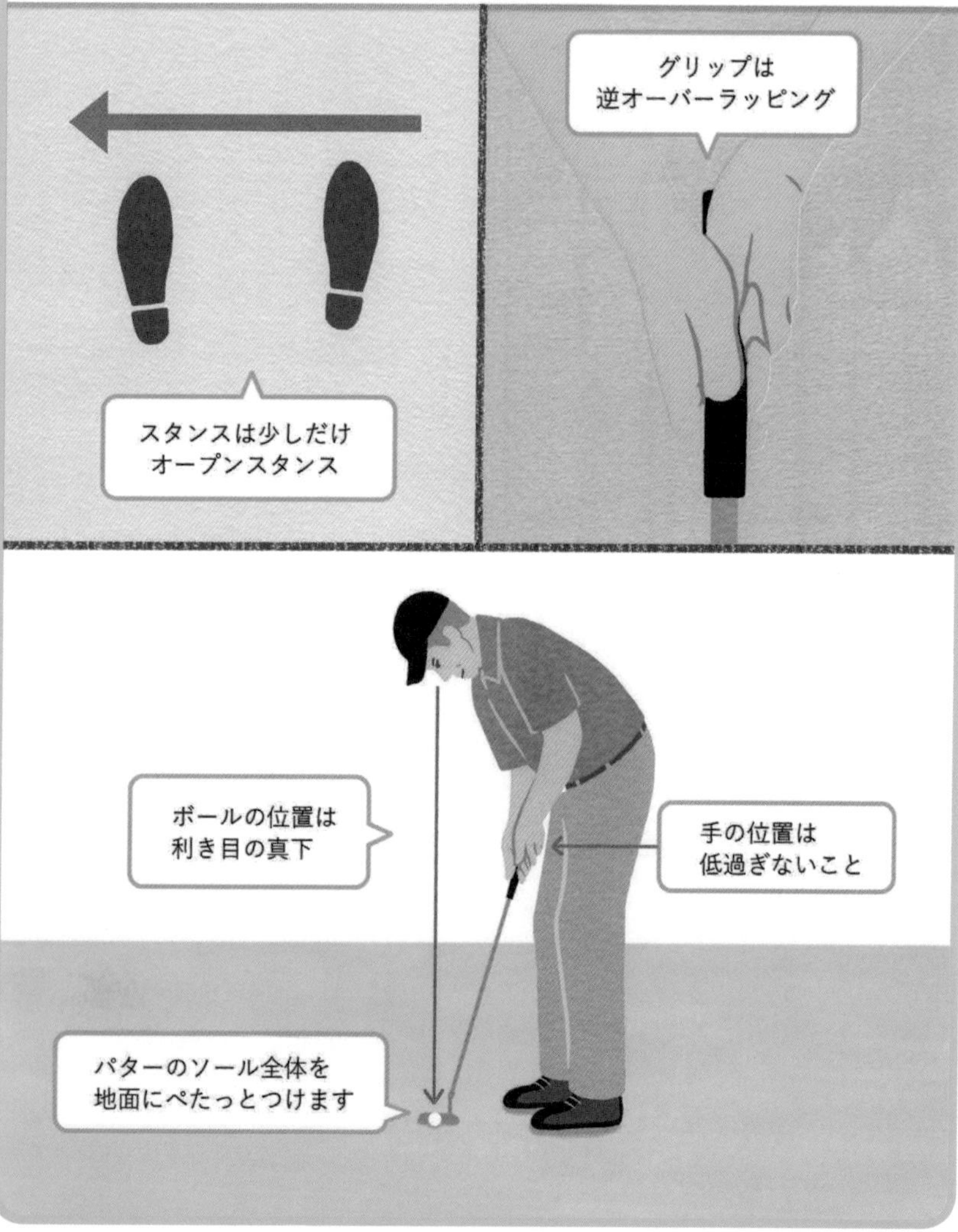
グリップは
逆オーバーラッピング
スタンスは少しだけ
オープンスタンス
ボールの位置は
利き目の真下
手の位置は
低過ぎないこと
パターのソール全体を
地面にぺたっとつけます

左手甲を目標に動かす
しかも手を持ち上げない

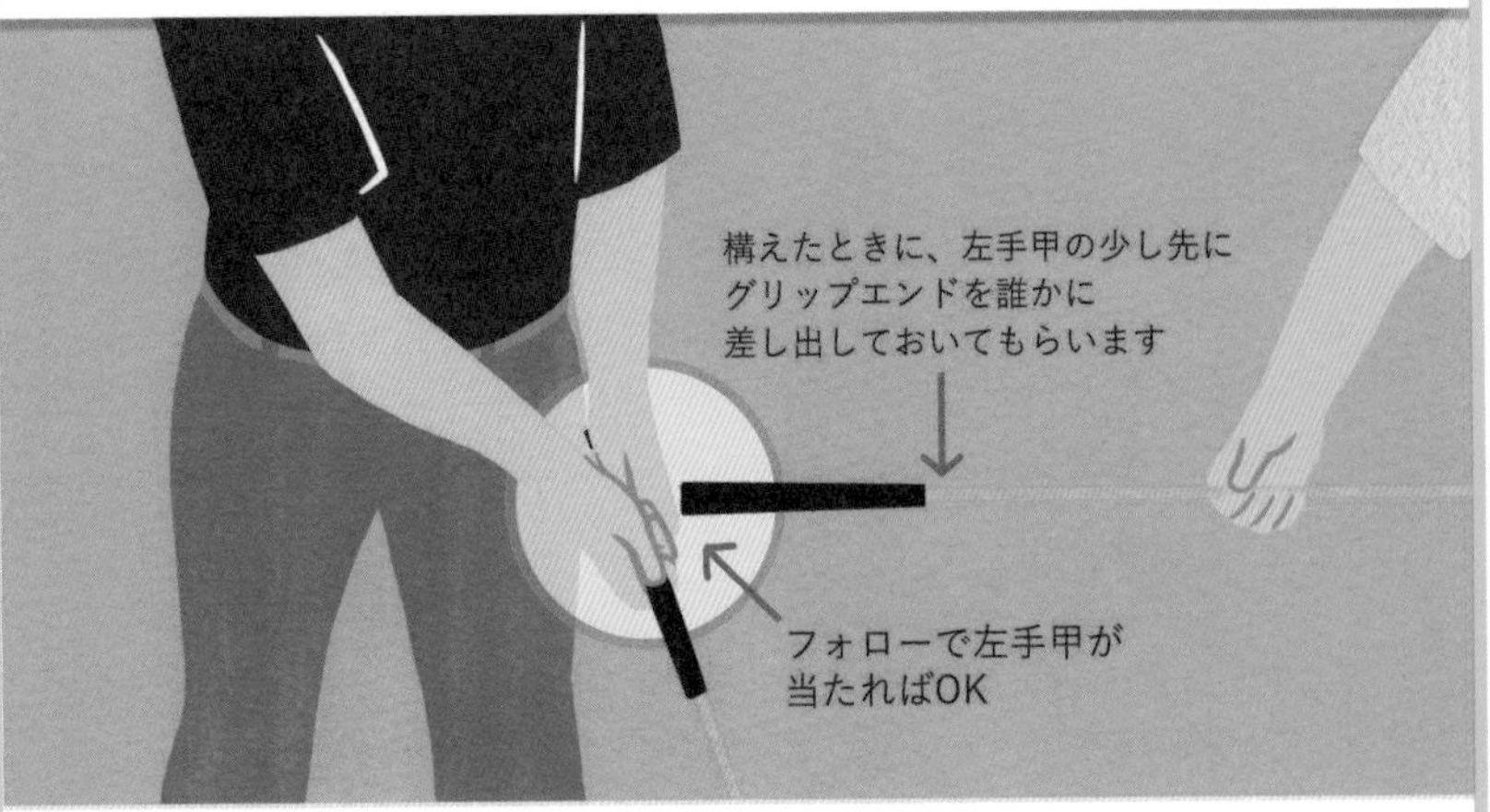
構えたときに、左手甲の少し先に
グリップエンドを誰かに
差し出しておいてもらいます
フォローで左手甲が
当たればOK

ボールの先にティを埋め込み、
ティの上を通過するようにパットする

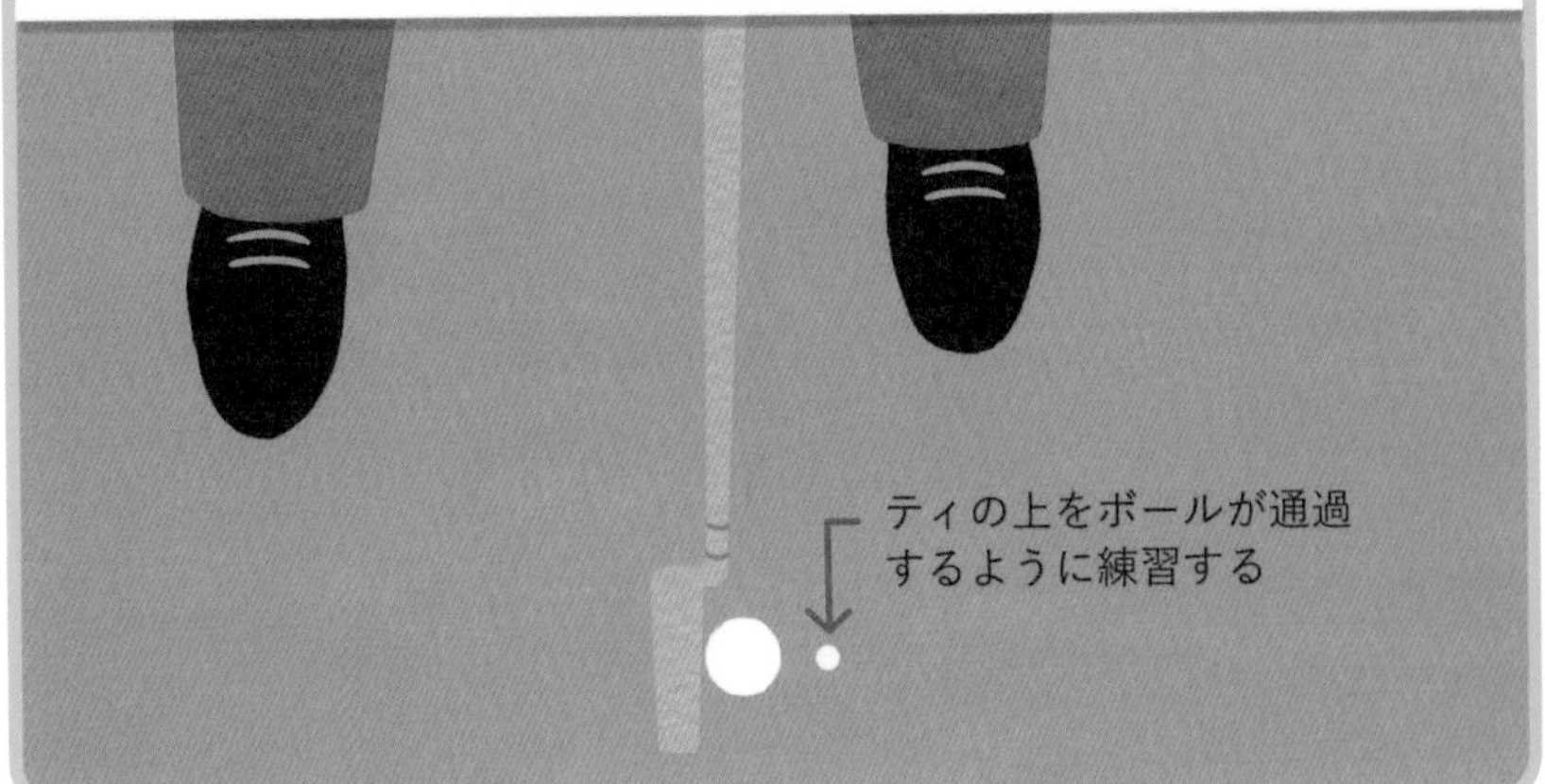
ティの上をボールが通過
するように練習する

5

グリップ、スタンス、利き目など、セットアップの基本を知っておこう

ボールからカップまでラインを描けたら、そのラインに乗ってボールが転がればいいわけだが、上手くできないゴルファーもいるだろう。そんな人にストックトンが教えてくれる。

「フォームやストロークなどにこだわって欲しくはないのですが、基本を知っておけば、より楽にパッティングができることもあるかと思います。まずはグリップやスタンスなど、構えに関しての基礎知識です」

ストックトンのパッティンググリップは逆オーバーラッピングだ。

「どんな握り方でもラインに転がすことができれば良いのですが、できない人は私と同じ逆オーバーラッピングがいいと思います。左右どちらかに力が入るということがなく、両手のバランスがとても良いグリップです。普通のグリップだとどうしても右手に力が入り

やすいと私は思っています。右手の人差し指を伸ばしてパターグリップに沿わせるのも右手が強くなると思います。逆オーバーラッピングにして、各指を広げてパターグリップ部の全部を覆うようにして、柔らかく握ります。タッチが出しやすいように、指の感覚がパターに伝わるようにするわけです」

次はスタンス。

「これは少しだけオープンスタンスにします。構えたときにイメージしたラインを見やすいからです。スクエアスタンスやクローズスタンスではラインが見にくいですよね」

そしてボール位置。

「これは利き目の真下に置きます。ラインが歪んで見えるのを防ぎます。利き目が右目の人は右目真下、左目の人は左目真下です。ボールを利き目から落とせば位置がわかります」

構えの最後は手の位置だ。

「手の位置は低過ぎないこと。ショットとは違い、手と腕に角度が付かないようにします。手を少し持ち上げた感じにし、パターのソール全体を地面にぺたっとつけます。トウを上げたりせず、ライ角通りに構えるわけです。ライ角が自分の構えと合う長さのパターにしましょう。こうして構えができたら、左手甲と右手の平は目標を向いているはずです」

6

ストロークは左手甲を目標に動かす。左肩を上げずにフォロースルー

逆オーバーラッピングでパターを握り、左手の甲を目標に向けて、セットアップが完了したら、ストロークをスタートするわけだが、注意するのはどんなことだろう。

「ストロークは目標に向けた左手甲を、そのまま目標に動かすことです。つまり、パターヘッドの動きは気にしない。インパクトやボールも気にしない。これらを気にするから手が上手く動かなくなってしまうんです。気にするのは自分の左手。左手甲を目標に動かすことだけ。これは誰でも簡単にできるので、スムーズに手を動かすことができるのです」

確かにパターフェースをスクエアに保って正確に打とうとしたら、手が震えてしまうこともある。パターヘッドよりも手を動かすことはアバウトなので、緊張しなくて済む。

「パターヘッドをボールの後ろにセットしたら、ストロークの始動のきっかけとなるフォ

ワードプレスを行い、そのままテークバックして左手甲を目標に向けて動かす。このときに左肩を上げない。つまり、手を持ち上げない。左手をアドレスの高さに保ってフォローを出すことです」

こうすると、フォローでヘッドが上がらない。インパクトの低い位置を保ったままのフォロースルーとなる。

「インパクトからヘッドを上げていくと順回転がかかるという人がいますが、私はヘッドを低い位置に保ったほうが、ボールがフェースに長く乗り、描いたラインにボールを乗せやすく、距離感も方向性も良くなると思っています」

ストックトンのストロークを見ると、フォロースルーだけでなく、テークバックもパターヘッドを持ち上げない。パターヘッドはストローク中、ずっと低い位置を保ち続けている。よって、肩はほとんど回転していない。横回転はもちろん、縦回転もしていない。手を低く動かしている。

「肩の高さを変えないように、正面に誰かに立ってもらい、自分の両肩を上から押さえてもらいます。こうして肩を押さえてもらったままストロークを行います。ヘッドを低く保つストロークができます」

7

カップに届くが、45㎝オーバーはしない。3パットをなくす戦略を身につけよう！

パッティングで最も嫌なことは3パットだ。苦々しく、腹が立ち、気落ちもする。何よりもその後のプレーのリズムを壊し、流れも悪くなる。それ故に、ストックトンは3パットをしないように全力を尽くしていた。史上最高に3パットしない選手だからこそ、パットの名手と呼ばれたのだ。

「3パットをしないためにはまずはタッチ。距離感を持つこと。不安や欲を捨て無心になれば、動物的本能でほとんどOKに寄せられるはずです。キャッチボールで暴投する人がないように、誰でもできることなのです」

そのためにストックトンが目安にした距離感は次のことだ。

「パットは決してショートしないが、カップから45㎝オーバーすることも絶対にしない」

練習ではカップの正面のエッジにティを差し、カップの先45㎝にもティを刺しておいた。

「パットを行って、正面のティに触れる感じでボールが転がること。外れてもカップの先のティを越さなければナイスタッチです。これを2球打ったら、場所を変えて打つ。これを何度も繰り返して距離感を鍛えるわけです。3パットがなくなります」

実際のコースではどんなふうにパッティングを行えば良いのだろうか。

「ホールを攻略するように、グリーンも戦略を考えます。つまりどこに打っていけば、次のショットが打ちやすいか、グリーンに乗せやすいかを考えるように、どこに打てば2パットで収まるかを考えてパットを行うわけです」

具体的はどういうことだろう。

「上りのパットでも打ちすぎれば返しは難しい下りになってしまう。だったら入れたい気持ちを抑えて少しショートしたほうがいい。難しそうな下りのパットでも少しオーバーできれば、返しは簡単な上りになる。つまり入れば儲けものくらいに考えて3パットになるようなファーストパットは絶対にしないということです。次のパットを考えて今のパットを行うことです。それには決してカップにねじ込もうなんて考えない。カップに触れるくらいのタッチで常に打つことです」

カップの正面のエッジにティを立てて置く

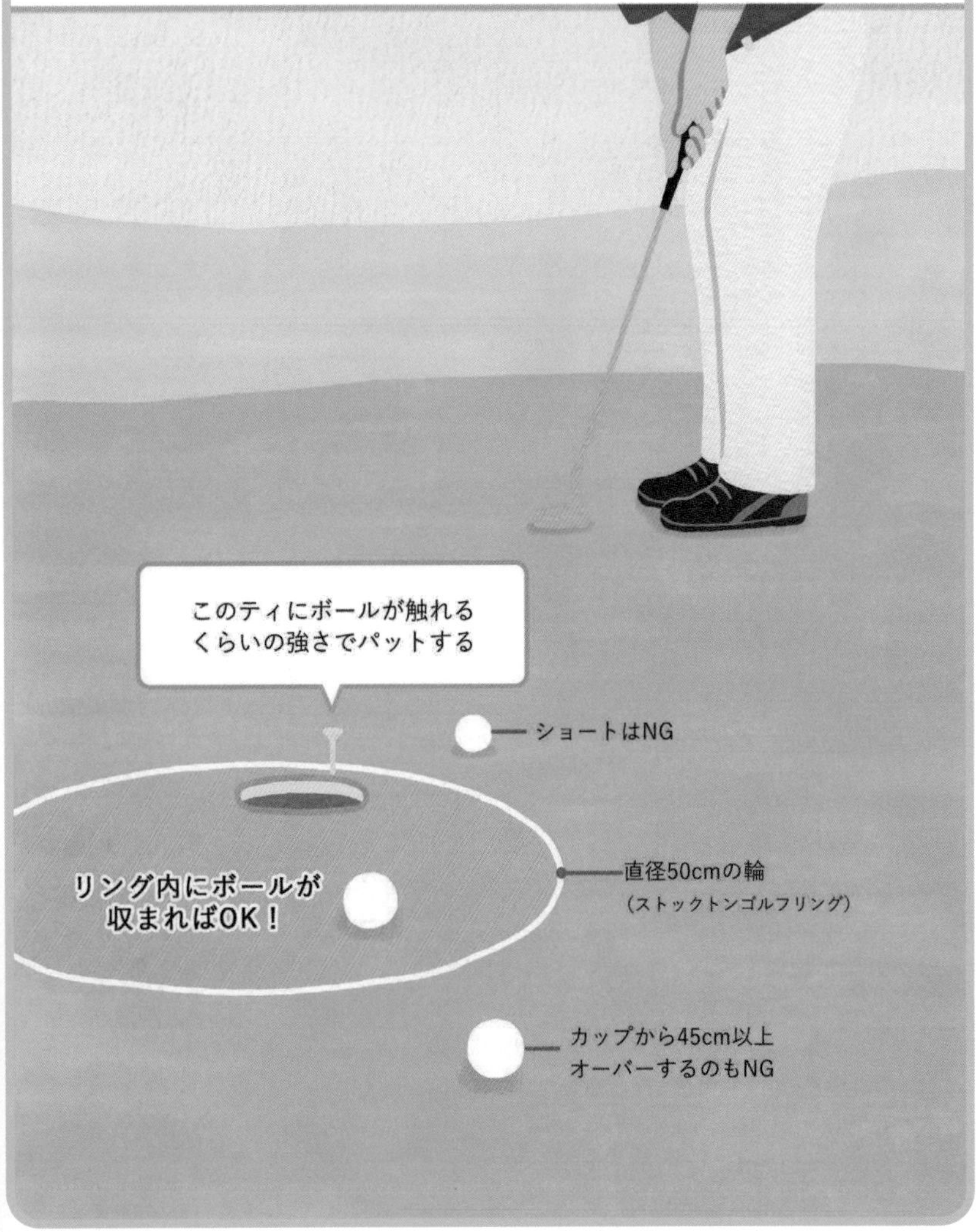
このティにボールが触れる
くらいの強さでパットする
ショートはNG
リング内にボールが
収まればOK！
直径50cmの輪
（ストックトンゴルフリング）
カップから45cm以上
オーバーするのもNG

左手だけでパターを持ち、ストロークする

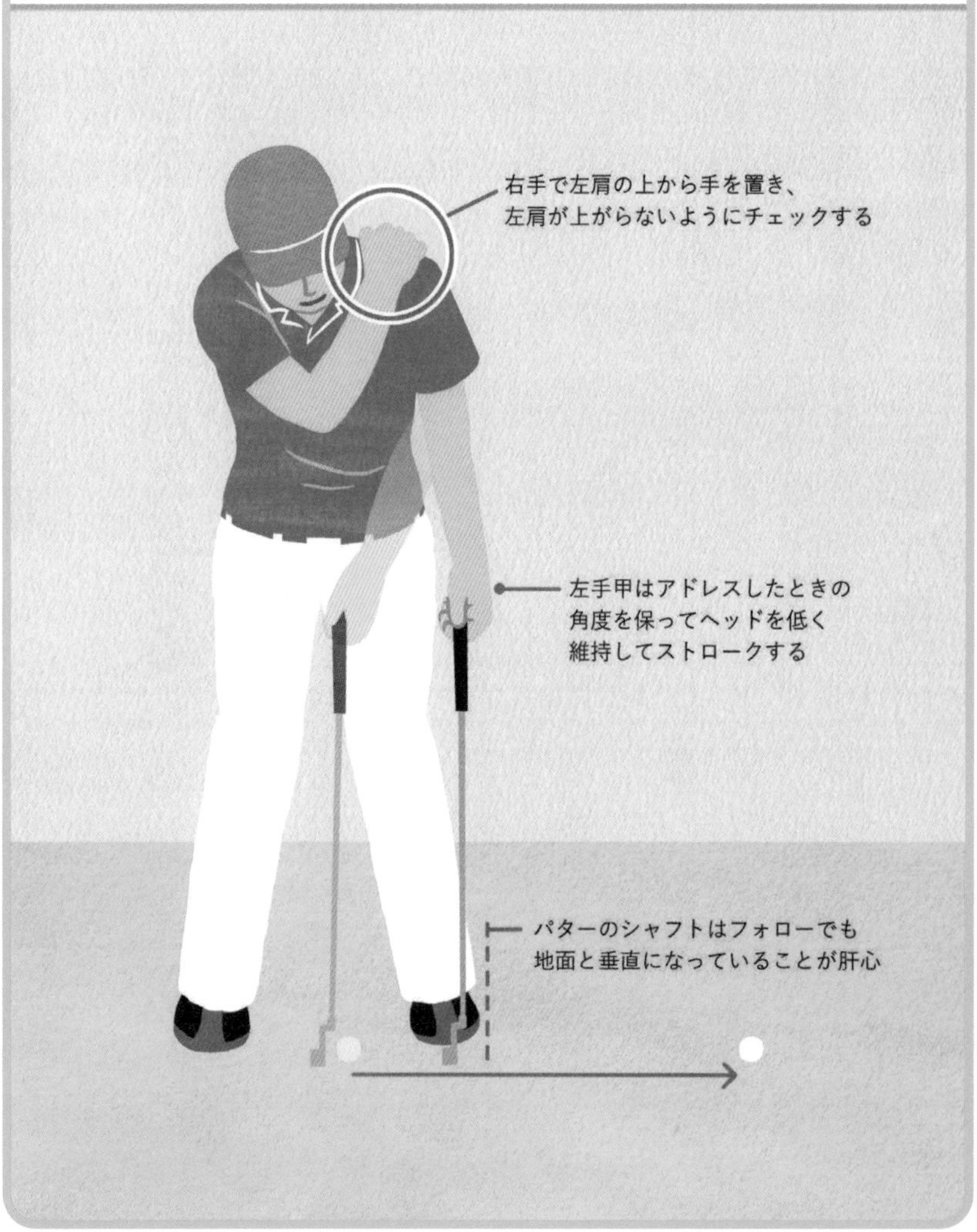
右手で左肩の上から手を置き、
左肩が上がらないようにチェックする
左手甲はアドレスしたときの
角度を保ってヘッドを低く
維持してストロークする
パターのシャフトはフォローでも
地面と垂直になっていることが肝心

8

パッティングを向上させる効果的なドリルを4つ紹介しよう

ストックトンが自分の名前を書くようにパッティングができるようになるドリルを4つ教えてくれた。

1つめは左手甲を目標に動かし、しかも手を持ち上げないためのドリル。

「構えたときに、左手甲の少し先にグリップエンドを誰かに差し出しておいてもらいます。左手甲が目標に動き、しかも手を持ち上げていなければ、グリップエンドに左手甲が当たるというわけ。パターヘッドを低く保ってフォロースルーを行うためのドリルです」

1人でやる場合は、長いスティックを地面に差して立て、スティックの先端を左手の甲の少し先にセットする。フォローで左手甲が当たればOKだ。

2つめのドリルはボールの先にティを埋め込み、ティの上をボールが通過するようにパットするもの。

「ラインを見ながら構えたら、ボールやフェースを見るのではなく、ライン上にあるボールの先のスパットを見るようにする。ボールを見ないことでスムーズなストロークができるようになるためで、ティの上をボールが通過するように練習します」

3つめのドリルはカップの正面のエッジにティを立てておくドリル。

「このティにボールが触るくらいの強さでパットする。微妙なタッチを養うことができる。立てたティが倒れてしまうような強いパットは行わないこと。もちろんショートもだめ。さらにはカップから45㎝以上オーバーするのもNGです」

このために直径50㎝の輪（ストックトンゴルフリング）を使って練習しても良い。リング内にボールが収まればナイスタッチだ。

4つめのドリルは左手だけでパターを持ち、ストロークするもの。

「このとき、左手の甲を折ると、ヘッドが持ち上がってしまう。左手甲はアドレスしたときの角度を保ってヘッドを低く維持してストロークする。パターのシャフトはフォローでも地面と垂直になっていることが肝心です。また、右手で左肩の上から手を置き、左肩が上がらないようにチェックするのも良い方法です」

参考資料：『UNCONSCIOUS PUTTING』（Aevry刊）、『無意識のパッティング』（青春出版社刊）、golfchannnel.com、テーラーメイドゴルフ日本公式チャンネルなど。

Tom Watson

トム・ワトソン

優勝へのチップイン、傾向と対策

1982年のペブルビーチCCの全米オープンで見せた
トム・ワトソンのアプローチショットは、
20世紀最高のチップショットと語り継がれている。
ニクラウスとの死闘を奇跡のチップインで突き放したからだ。
ショットも素晴らしかったが、
アプローチも超一流だったワトソンのテクニック。
全英オープンでも帝王ニクラウスを破っている
新帝王ワトソンのショートゲームの技術と心、一挙公開。

Tom Watson

1949年9月4日、アメリカ・ミズーリ州生まれ。6歳のとき父からゴルフを習い、その後、スタン・サークスがコーチとなり腕を磨く。スタンフォード大を卒業した'72年からプロツアー参戦。マスターズ2勝、全米オープン1勝、全英オープン5勝と英国で無類の強さを発揮、メジャー8勝を挙げる。PGAツアー通算39勝。シニアでも活躍、全英シニアオープン3勝を挙げる。バイロン・ネルソンにも師事。

How to Save Strokes from Fo
rds a
Getting Up and Do
Tom Watson with Nick Seit

1

奇跡のチップインも猛練習の成果で必然だった

トム・ワトソンはスタンフォード大学で心理学を専攻、学士号を取得した秀才である。そんな彼が卒業後の'72年にプロゴルファーとなり、その翌年に初優勝を挙げ、'75年に全英オープンに優勝、'77年はマスターズ、全英オープンでは帝王ジャック・ニクラウスを死闘の末に破り、'82年の全米オープンでは再びニクラウスと一騎打ちとなった。

この試合は海際の美しい難コースとして知られるペブルビーチで行われた。ワトソンは最終日に好プレーを見せて首位に立ったが、終盤の16番でクロスバンカーに入れてボギーとし、ニクラウスに並ばれる。17番はペブルビーチ屈指の名物ショート。210ヤードの打ち下ろし、ワトソンの放った一打は海風に乗り、グリーンオーバー。草がくるぶしまで覆う深いラフ。ピンは近く、しかも下りのスライスライン。絶体絶命の窮地だった。

「寄せろ！」と朋友、キャディのブルース・エドワーズが檄を飛ばす。

「入れてやるさ！」とワトソン。

体を開き、サンドウェッジを振り抜いた。ボールはふわりと上がり、エッジぎりぎりに落ちてするするとカップに向かう。

チップインする前から駆けだしたワトソン。ボールがカップに吸い込まれると高々と両手を挙げてガッツポーズ。

「ほら、言った通りだろう」

満面の笑みでワトソンはエドワーズに告げた。

度肝を抜く奇跡のチップイン。このアプローチショットで勝負が付いた。

映画も描けない感動的なドラマでワトソンが全米オープンに初優勝を遂げた。

ニクラウスが試合後に語った。

「あれは、1000回に1回も入らないよ！」

ところが、ワトソンはこう言った。

「あのショットは何千回と練習してきた」

つまり、入れる自信があったチップショットだったのだ。

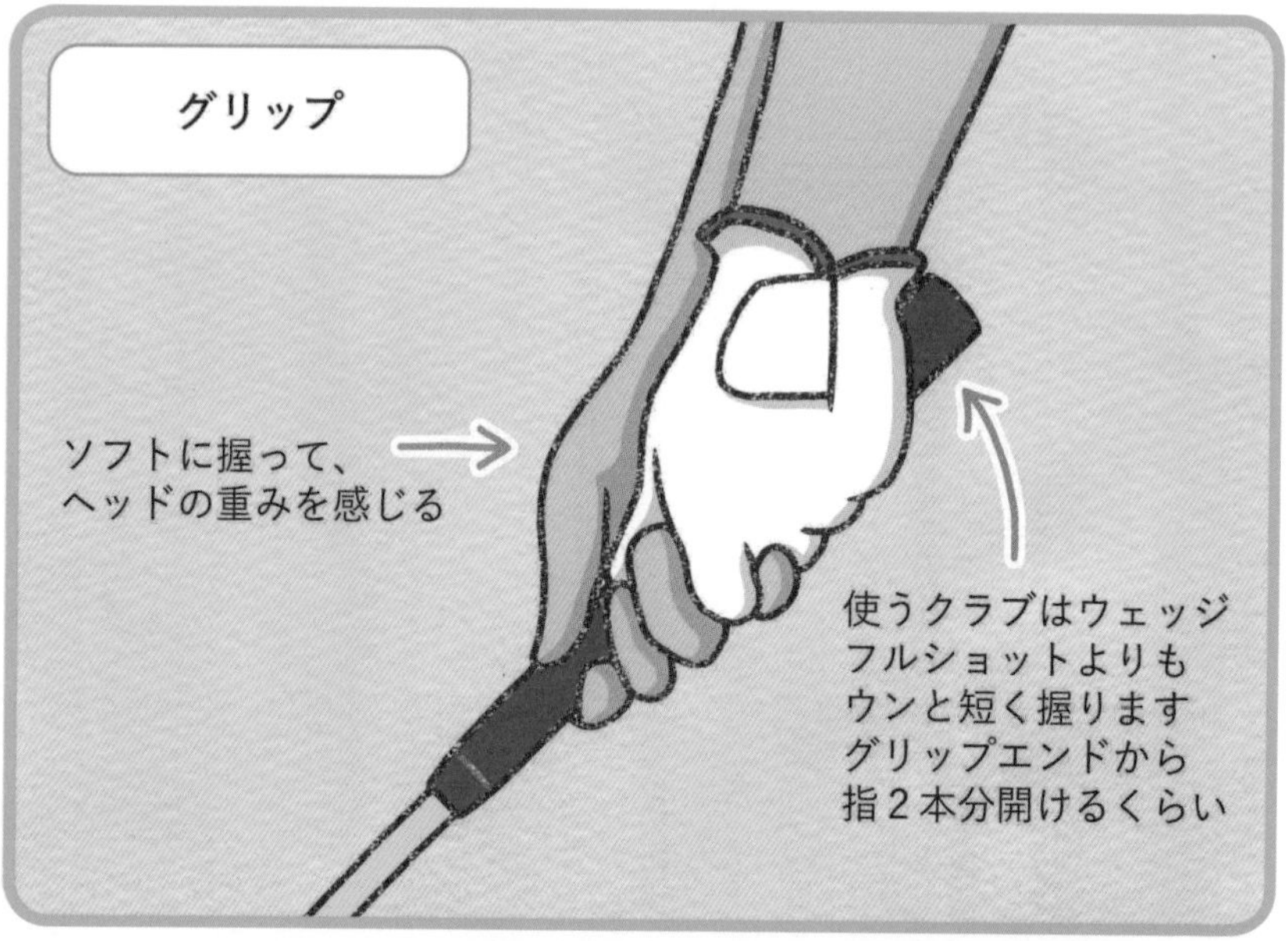
グリップ
ソフトに握って、
ヘッドの重みを感じる
使うクラブはウェッジ
フルショットよりも
ウンと短く握ります
グリップエンドから
指２本分開けるくらい

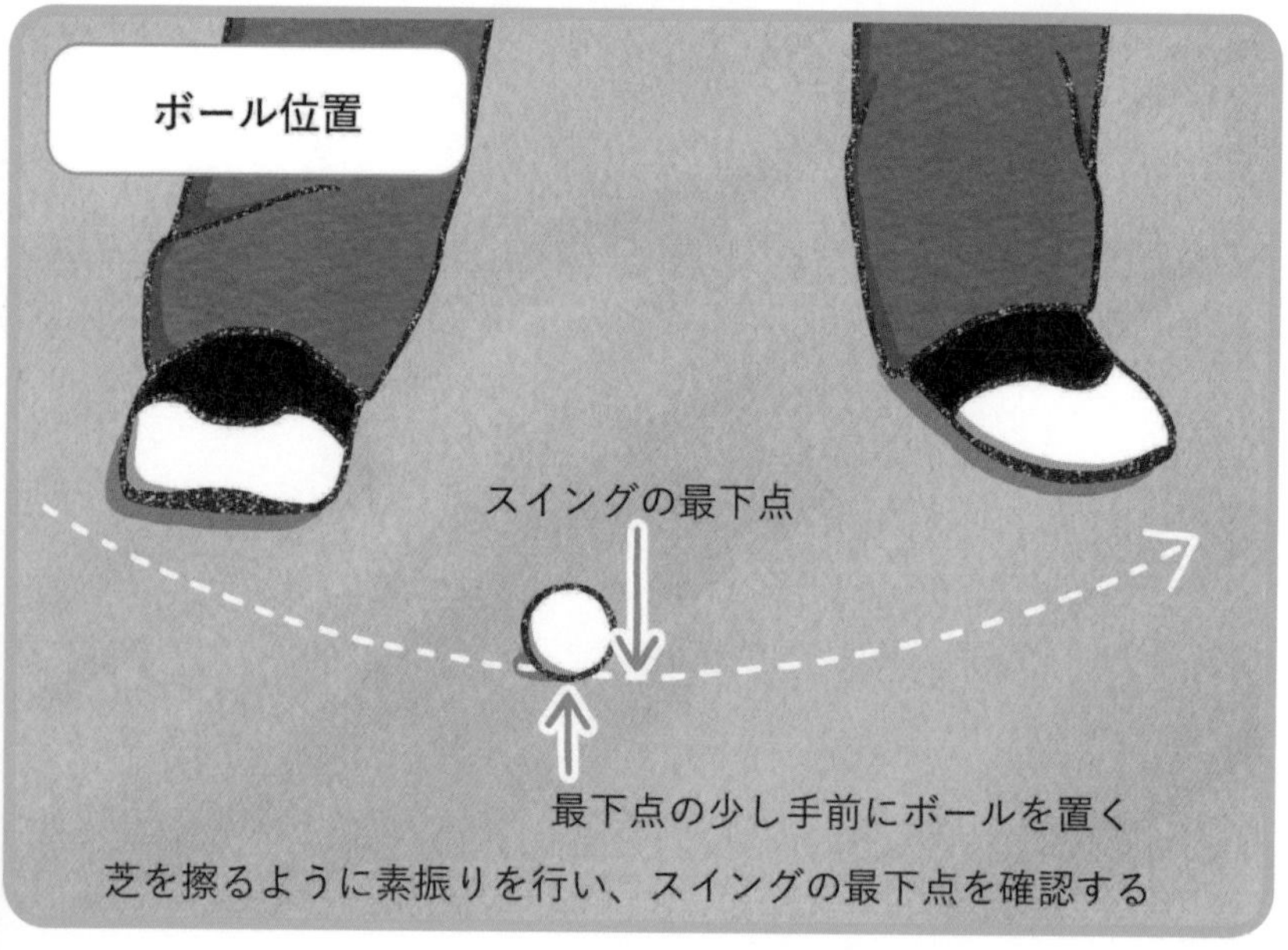
ボール位置
スイングの最下点
最下点の少し手前にボールを置く
芝を擦るように素振りを行い、スイングの最下点を確認する

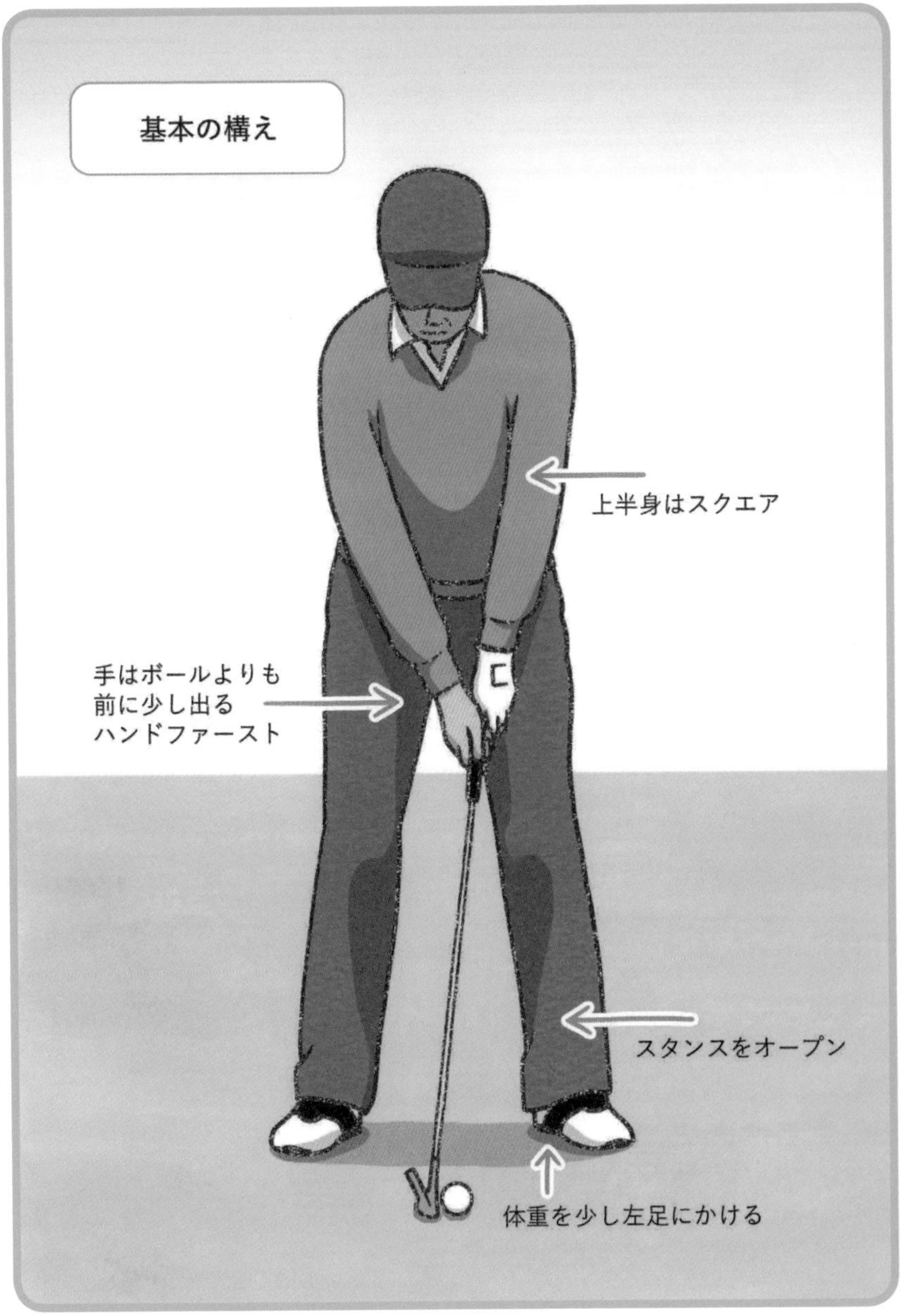
基本の構え
上半身はスクエア
手はボールよりも
前に少し出る
ハンドファースト
スタンスをオープン
体重を少し左足にかける

2

グリップやアドレス チップショットの基本を学ぼう

寄せるのは至難の業というグリーン周りの状況は誰にでも訪れる。寄せるどころか乗せるのも大変。'82年全米オープン最終日、ワトソンの17番のアプローチもまさにそうだった。

「でも、アプローチは練習さえきちんと積んでおけば、ロングショットよりも遙かにコントロールできる。なぜかと言えば、手で放る感覚でいいからです。誰だって、手で放れば、ピンの近くには寄せられるでしょう。それをクラブでやればいいだけ。それには、きちんと基本を学んで、まずは簡単な状況から寄せられるように練習することです」

確かにドライバーやアイアンは手で放る距離よりも遙かに飛ばす必要がある。でもアプローチなら、手で放るテリトリー内だ。

ワトソンが語る基本。まずはグリップだ。

「使うクラブはウェッジ。好きなウェッジでいいです。フルショットよりもウンと短く握ります。グリップエンドから指2本分開けるくらい。大事なのはグリッププレッシャー。決して強く握らない。強く握ると手首が硬くなってスイングが速くなってしまいます。ソフトに握って、ヘッドの重みを感じることです」

次に構えだ。

「まずは目標にスクエアに構えます。スタンス、膝、腰、すべてスクエア。フェースもスクエア。こうしてスクエアに構えてから、スタンスをオープンにします。このとき、体も開きやすいわけだけど、腰、肩はスクエアにキープしておきます。こうすると、クラブを振り抜きやすく、しかも目標に打ち出せるのです」

構えができたら素振りを行う。

「ウェッジのソールの下にブラシが付いていると思って、そのブラシで芝を擦るように素振りを行います。こうすると、スイングの最下点がわかるでしょう。その最下点の少し手前にボールを置く。それがボール位置です」

つまり、ボール位置は体の真ん中とか、最初に勝手に決めることなく、素振りで確かめてから、ボール位置を決め、そこに体を持って行くのだ。

3

ハンドファーストに構え、インパクトでもハンドファースト

　チップショットのポスチャーがわかったところで、基本の打ち方を学ぼう。ワトソンは先程の構え方から言う。

「スタンスはオープンだけど、上半身はスクエア。ボール位置はスイング軌道の最下点より少し前。フェースもスクエア。体重を少し左足にかけて、手はボールよりも少し前に出るハンドファーストで構えます」

　少し左足体重、少しハンドファーストが打つときの前提で、そこから落とし所をしっかりと確認する。

「落とし所は、持っているクラブでピンに寄るときのファーストバウンドした所。よって、練習では何球か打てばわかりますし、その練習をもとに本番では弾道をイメージして

落とし所を決めます。わかりにくい場合はそのクラブで出るであろう弾道を手で放ってイメージしてみれば良いでしょう。そうして落とし所を決めて、そこに落ちるようにクラブを振るわけです」

つまり、振り幅はその落とし所によって変わるというわけ。

そして打ち方だが、ワトソンはリストを使ってリズミカルにバックスイングする。ダウンスイングは、ボールを打ってから低くフォローを出す。ボールの先のターフがとれる。

「ダウンスイングは左手でリードして打ちます。フェースは返さずに、手が常にヘッドよりも先行します。つまり手首の角度を変えずにボールを打つということです。インパクトではアドレスと同様に、ハンドファースト。ヘッドよりも手が前に出ています。こうすることでダフリやトップをすることがなくなります。チップショットを成功させる大事なポイントです」

そしてもう1つ。

「これは私が指導を仰いだバイロン・ネルソンの言葉です。アプローチでも下半身を少し使うこと。こうすると上手くハンドファーストで打てます。足が伸びたまま打ってはハンドレイトになってしまう。膝が緩やかに曲がり、目標方向に動くから上手く打てるのです」

4

落としどころを決めて、SW、PW、8Iで練習する

ワトソンが若い頃からよくやっていたアプローチの練習法を紹介してくれる。

「チップショットを上手く打つだけでなく、距離感をつかむための練習です。サンドウェッジ、ピッチングウェッジ、8番アイアンの3本のクラブを使って練習します」

まずはサンドウェッジを使う。

「サンドウェッジでボールを打ちます。あらかじめ落とし所を決めて、そこにボールが落ちるように打ちます。そうするとほぼ同じところにボールが止まります。ボールの高さやスピード、スピンが揃うからです。サンドウェッジでは同じように打つのは難しいので、最初は上手く打てなくても気にしないことです」

5球でも10球でも感じ良く打てるまで行う。こうして落とし所がわかったら、次にピッ

チングウェッジを使って同じ所に落とすのだ。

「ピッチングではサンドウェッジと同じ落とし所にボールが落ちるように打ちます。最初から上手く打てるとは限りません。何球も打って、徐々に落とし所に近づけるようにします。このときにボールが止まった所も確認します。サンドウェッジよりもどれくらい先まで転がるかを知っておくわけです」

次は8番アイアン。

「8番アイアンでも同じことを行います。サンドウェッジの落とし所を狙って打ちます。ピッチングウェッジよりも先までボールが転がって止まるはずです。サンドウェッジ、ピッチングウェッジ、8番アイアンと、落とし所が同じでも、どれくらい距離が変わるかを把握しておきます。これが実践でとても役に立ちます」

ワトソンがそう言うのは、本番でボールからグリーンエッジまでの距離と、グリーンエッジからピンまでの距離を知るだけで、どんなクラブを使って寄せるのが適切であるかがわかるようになるからだ。

「アプローチは何でもサンドウェッジと決めつけていては、いつでも寄せられるようにはならない。クラブを替えるだけで、いろいろな状況でも寄せられるようになるのです」

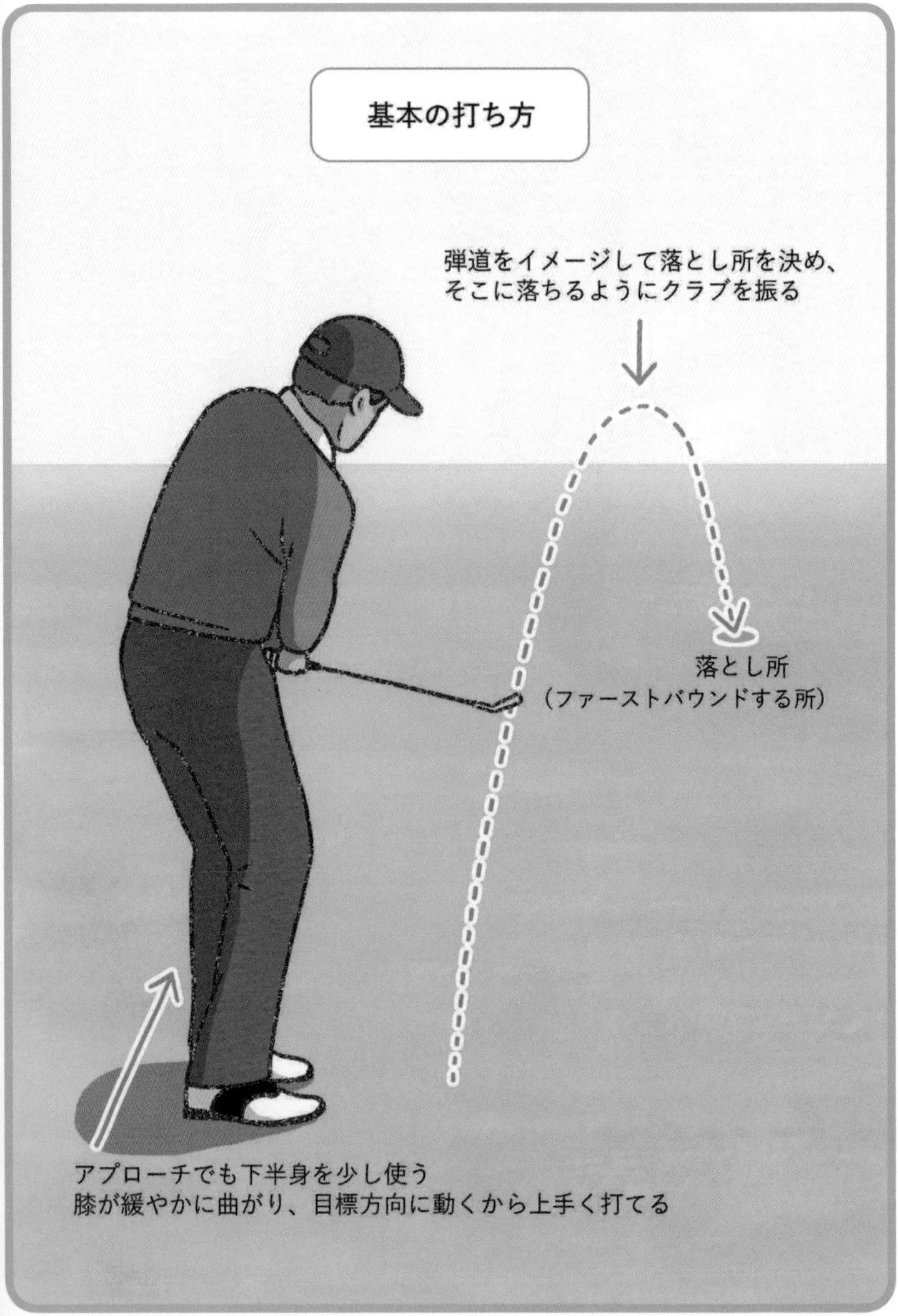
基本の打ち方
弾道をイメージして落とし所を決め、
そこに落ちるようにクラブを振る
落とし所
（ファーストバウンドする所）
アプローチでも下半身を少し使う
膝が緩やかに曲がり、目標方向に動くから上手く打てる

アプローチの練習法

落としどころを決めて、ＳＷ、ＰＷ、８Ｉで
距離感をつかむための練習する

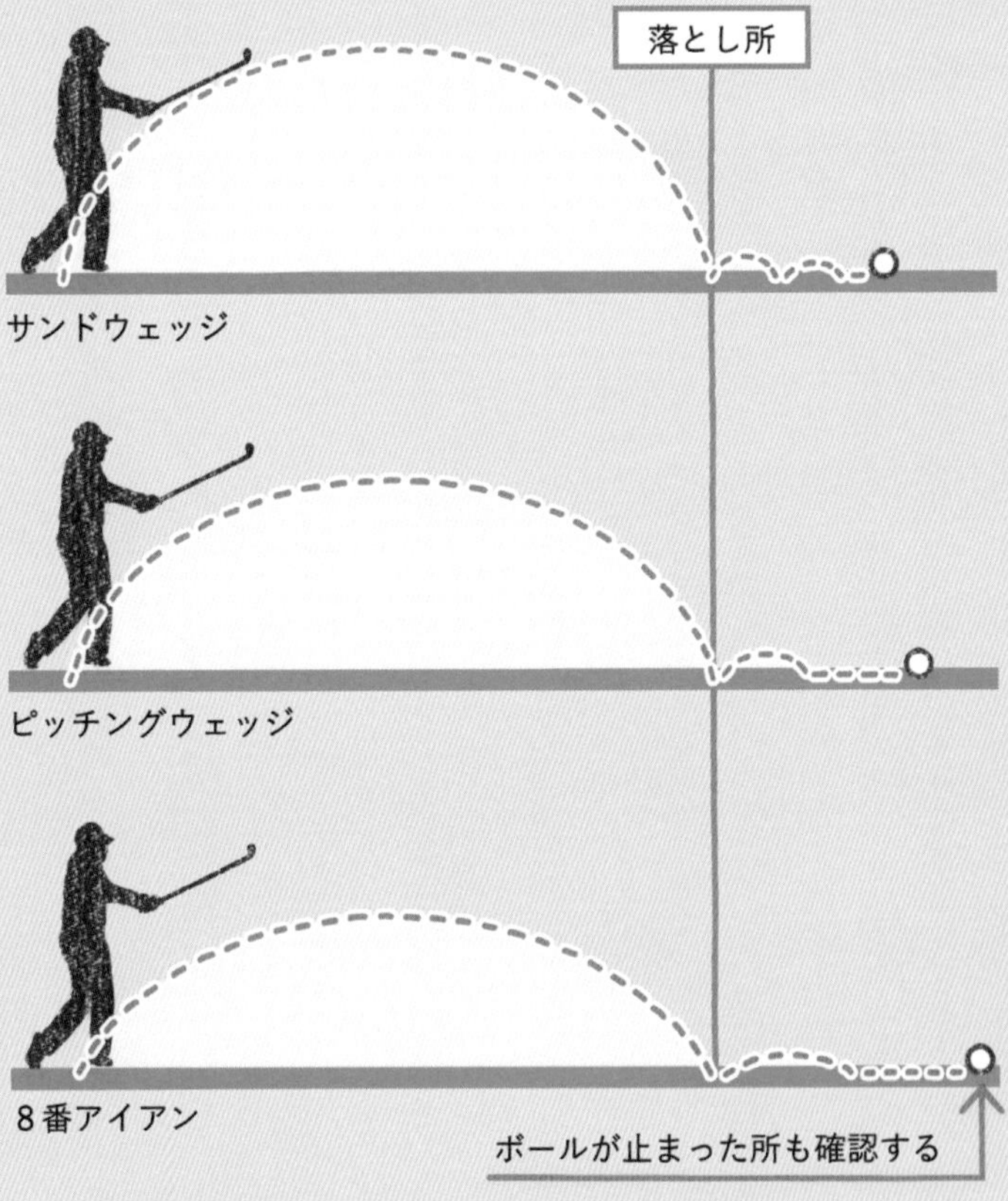

サンドウェッジ、ピッチングウェッジ、８番アイアンと、
落とし所が同じでも、どれくらい距離が変わるかを把握する

5

サンドウェッジを持ち、右手1本でチップショットを練習

ワトソンが、チップショットの練習法として、フレッド・カプルスがやっていたというものを紹介してくれる。

「実際に私もやってみたのだけど、とってもいい練習法です。カプルスは皆さんもご存知なように、素晴らしいスイングリズムの持ち主で、それはショットだけでなく、チップショットでも同様です。柔らかくスイングしてフワッとボールを浮かせて、トントントン、コロコロコロとピンに寄せてしまうわけです。そんな柔らかい打ち方は右手1本だけの練習で身につけることができます」

サンドウェッジを持ち、基本の構えを行う。オープンスタンス、上半身は目標にスクエア、フェースもスクエア、やや左足体重で少しだけ右にボールを置き、ハンドファースト

に構える。こうしたら、左手だけをクラブから離すのだ。

「両手で打つように体を回転し、右手だけでボールを打ちます。グリップは柔らかく、アーリーコックでバックスイング。ゆったりとしたリズムでサンドウェッジを振り下ろす。頭を動かさず、背骨を軸に体を回転してクラブを振り抜きます。右手の角度を変えずにハンドファーストで打ちます。練習していくうちにカプルスのようにゆったりとしたリズムで打てるようになりますよ」

右手でゆったり打てるようになったら、両手で同じリズムで打ってみる。それも最初はグリップを長く握って打つ。次にグリップの真ん中を握って打つ。さらにグリップの先、シャフト近くを握って打つのだ。

「同じクラブでも握る位置が異なると、距離が変わります。キャリーとランを把握すれば、これも実践で使えます。5ヤードずつの打ち分けができる。3本のウェッジを使えば、1ヤードずつの打ち分けができるようにもなります」

確かにその通りだろう。1ヤードずつの打ち分けという非常に難しそうなことが、3本のウェッジと3種類の握り方でできてしまうのだ。こんなにやさしく合理的な方法はない。

「誰でもできるナイスな方法です」

6

高く上げるロブショット、深いラフからのチップショット

砲台グリーンやピンが近いときは、どうしても高く上げるロブショットが必要になる。今では60度や64度といったロフトの寝たロブウェッジを使うのがやさしいのだろうが、ワトソンの全盛時代はそうしたウェッジはなかった。

「ロブショットは私が11歳のときにコーチのサースクからレッスンを受けました。スタンスも体もかなりオープンにして、フェースも45度開きます。左手は親指がシャフトの真上に来るくらいウイークに握り、右手は被せます。こうしてフェースを開いたままボールを打ちます」

つまり、フェースは返さない。空に向けたまま打つということだ。上手く打つコツはそれだけではない。

「アウトサイドインの軌道でカットに打ちます。それも思った以上に強く振り抜く。そうしてもボールは高く上がるだけで、距離は大して出ません。バックスピンもかかるので、下り傾斜でもあまり転がらずに止まってくれます」

ワトソンのサンドウェッジは56度だが、それでも高く柔らかく上がるロブショットが打てるのだ。

次に深いラフからのチップショット。これもワトソンは素晴らしく上手い。全英オープン5度の優勝もこのショットがもたらしたと言っても過言ではない。

「これは基本の打ち方と少し変わります。まずはラフにヘッドが負けてしまって被るように回転してしまうので、フェースは開きます。それでも左に飛びやすいので、スタンスも体の向きも少しクローズにします。また、いつもより屈み込まずに体を起こし気味にします。手もハンドダウンにせず、少し持ち上げてハンドアップにします。こうしてボールの手前の芝ごと打ち抜きます。グリップがラフに負けて回らないようにしっかりと打ちます」

ゆったり打つと芝に負けるし、強く打とうとすると早打ちになってミスしてしまう。スイングの力加減とリズムが難しい。たくさん練習してその感覚を身につけることが重要なのだ。

7
つま先上がり、つま先下がり傾斜のチップショット

続いて傾斜のライのチップショット。グリーン周りでは実にいろいろなライに遭遇する。そこからピンに寄せられるか否かは、5～10ストロークは楽に変わってしまうわけで、死活問題なのだ。

ここでは、ワトソンからつま先上がりとつま先下がりをレッスンしてもらおう。

「つま先上がりは比較的やさしいライですが、ボールが左に飛ぶので、目標よりも右に向いて打つ必要があります。なぜそうなるかというと、サンドウェッジはロフトがあるので、つま先上がりのライだとフェース面が左を向いてしまうからです。ですから、あまり右に向きたくない人、左に打ちたくなければ、ピッチンウェッジや9番アイアンなどロフトの少ないクラブを使うに限ります」

打ち方にコツはあるのだろうか？

「つま先上がりですから、クラブは短く持ちます。それとハンドアップになりやすいので、ハンドダウンにする。シャフトと手に角度がないと、大きく引っかけます。また、ボール位置は真ん中がいいです。右を向いて左に飛ばしてピンに寄せるのです」

次につま先下がり。

「普通に立つとクラブがボールに届かないので、クラブを長く持ち、前傾角度を深くします。ボールが右に飛びやすいので、少し左を向きます。体重移動ができないので、アドレスでインパクトの形を作ります。つまり、右膝を左膝に寄せてしまうのです。フェースは少し開いて、深く前傾してボールにヘッドをセットし、体が起き上がらないように打ちます。早打ちせずにしっかりとボールを打ち抜きます」

ボールは上げようとせず、少し打ち込むくらいの気持ちが必要。そうしないと体が起き上がってトップのミスが起きやすい。

傾斜のライで小さなショットを上手く打とうとすると手打ちになりやすいが、それだけは禁物。肩を回して上体を回転させて打つことを肝に銘じること。アプローチ練習場で様々な傾斜を見つけて練習しよう。

サンドウェッジを持ち、
右手１本でチップショットを練習

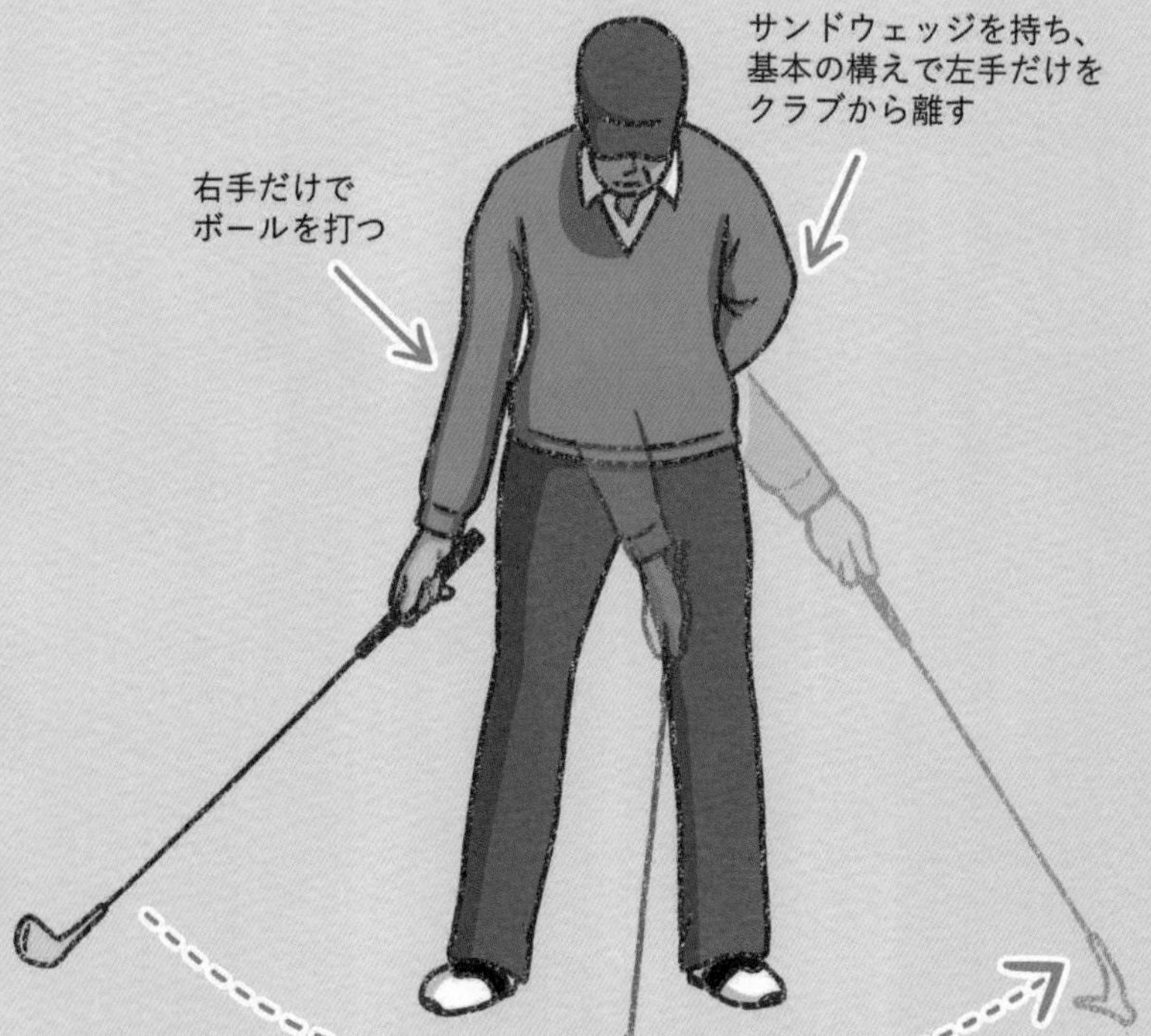

ゆったりとしたリズムでサンドウェッジを振り下ろす
頭を動かさず、背骨を軸に体を回転してクラブを振り抜きます

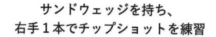

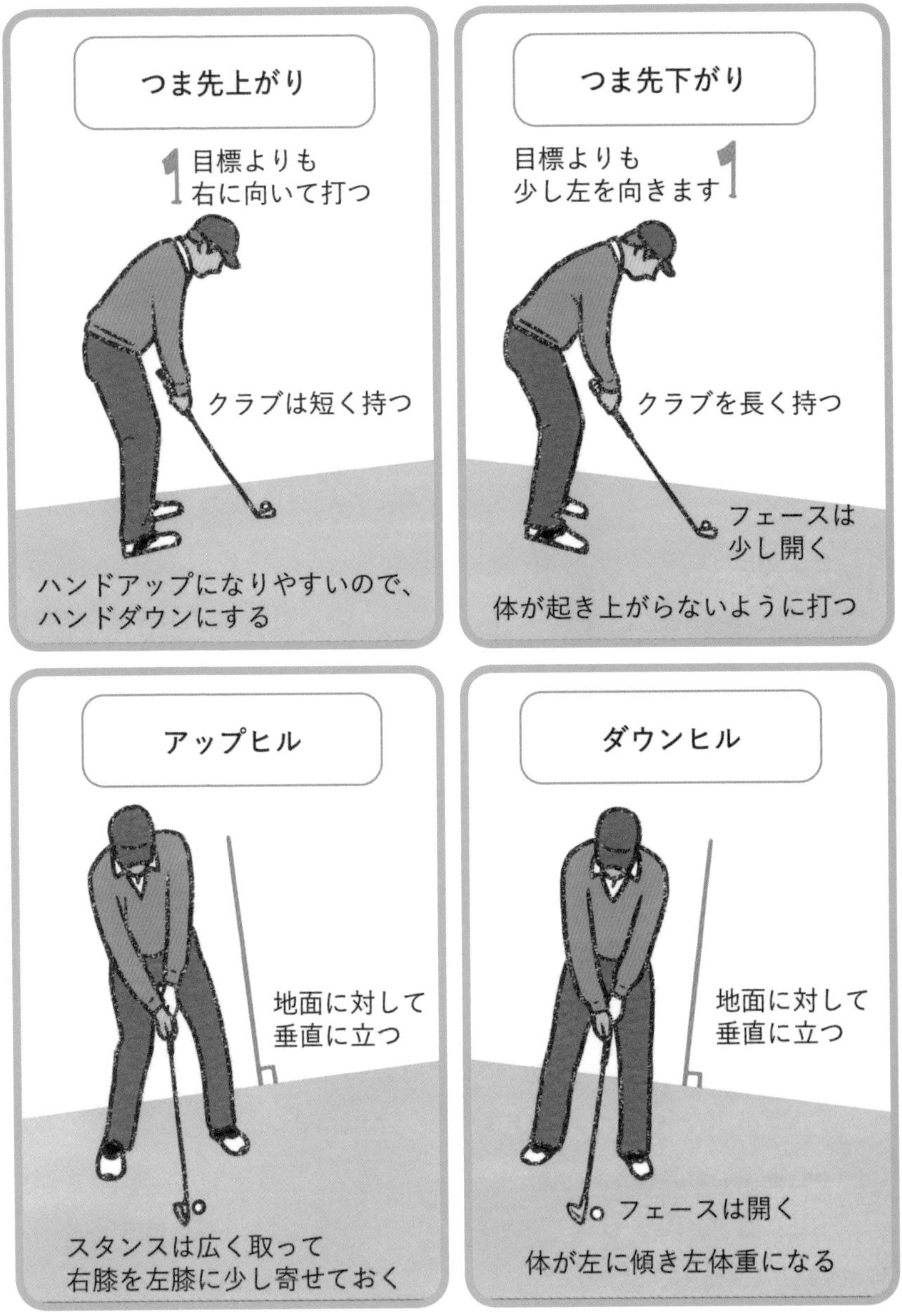
つま先上がり
目標よりも
右に向いて打つ
クラブは短く持つ
ハンドアップになりやすいので、
ハンドダウンにする
つま先下がり
目標よりも
少し左を向きます
クラブを長く持つ
フェースは
少し開く
体が起き上がらないように打つ
アップヒル
地面に対して
垂直に立つ
スタンスは広く取って
右膝を左膝に少し寄せておく
ダウンヒル
地面に対して
垂直に立つ
フェースは開く
体が左に傾き左体重になる

8 アップヒル（左足上がり）、ダウンヒル（左足下がり）のチップショット

アップヒルとダウンヒルのチップショットもしっかり練習しておかないと寄せられないが、打つ前に上手くいくメソッドをワトソンから教えてもらおう。

まずはアップヒル、左足上がりのライだ。

「アドレスで大事なポイントは、傾斜に逆らわずに立つことです。つまり水平に立つのではなく、地面に対して垂直に立つわけです。アップヒルであれば、右に体が傾き、右足体重になります。こうしてスイングの最下点を知って、そこにボールを置く。傾斜に沿って立つと、クラブが上手く振り抜けます。そうでないと突き刺さってしまいます」

傾斜なりに立ったらどうするか。

「スタンスは広く取って右膝を左膝に少し寄せてインパクトの形を作っておきます。フェースは開かずに閉じ気味にします。なぜかと言えばロフトがさらに寝るので、ボールが飛

ばなくなってしまうからです。とはいえ、やはりサンドウェッジだとショートしやすい。アップヒルなら9番アイアンなどロフトの立ったクラブで楽に転がして寄せるに限るのがベターです」

9番アイアンなら、ランでラインが出るのでチップインの確率も増えるのだ。

次にダウンヒル、左足下がりのライ。

「これも傾斜なりに立ちます。つまり地面に対して垂直に立つので、体が左に傾き左体重になります。素振りをしてスイングの最下点を知り、そこにボールを置きます。打球が低くなりやすいので、フェースは開く。かなり開いてもいいと思います」

体が左に傾くということは、右肩が上がり、左肩が下がるということ。これを嫌がると上手く打てないので気をつける。

「バックスイングはアップライトに上げ、そこからカットに打ちます。強めにヒットし、振り抜きます。弱いとグリーンまでの土手に当たってしまうこともあります。強く打ってもボールが上がり、スピンもかかるので、上手く寄せられます」

まさにそのショットこそ、'82年の全米オープン、ペブルビーチ17番からの奇跡のショットだった。

Tiger Woods

タイガー・ウッズ

柔和で温厚な体に優しいゴルフ

2018シーズン最終戦のザ・ツアー選手権で5年ぶりの優勝を遂げたタイガー・ウッズ。そのプレーぶりはこれまでのタイガーのゴルフとは大きく異なっていた。他を圧する恐怖のゴルフではなく、他と共に生きる再生のゴルフ。穏やかで優しい表情はまるで仏陀のようだった。そんな新生タイガーのゴルフは2019年マスターズの優勝をももたらす。どんなゴルフか検証する。

Tiger Woods

1975年12月30日、米国カリフォルニア州生まれ。父・アール・ウッズからゴルフの英才教育を受け、全米ジュニア3連覇、全米アマ3連覇のタイガートリプルを達成してプロ転向、破竹の勢いで勝利を収め、12年間でメジャー14勝を挙げるが、その後に膝や腰を痛め、一時は引退も余儀なくされるほど。しかし、2018年に復活優勝を遂げ、'19年マスターズでメジャー15勝目を挙げる。PGAツアーは歴代1位タイの82勝。

1 相手を叩きのめすゴルフから、共に生きる仏陀のようなゴルフに

タイガーの瞳には涙が溢れ出ていた。

「昨年の今頃はツアーに戻ることなどできないのではないかと思っていた。ようやくチップショットをするくらいで、フルショットなどまだまだできる状態ではなかった。それがこうしてトップの選手としのぎを削り、優勝することができた。本当に信じられない。最高の気持ち、最高の幸福を感じています」

‘18年9月23日。タイガーはシーズン最終戦のザ・ツアーチャンピオンシップで、初日からの首位を守り続け、5年ぶりの優勝、ツアー通算80勝目を成し遂げた。

最終日最終ホールでタイガーがセカンドショットを打ったあと、大勢のギャラリーが開放されたフェアウェイに押し寄せ、「タイガー、タイガー」と王者の名前を連呼し、タイガ

ーと一緒に行進した。

バンカーからの第3打をピンに寄せ、タップしてパーを取ると、タイガーはこれまでとは違う、しみじみした表情で両手を高々と挙げた。ゴルフファンは誰もが胸を打たれたに違いない。

'17春、タイガーが4度目の腰の手術を行い、その翌月に危険運転の容疑で逮捕されたときには、世界中の誰もが、タイガーは本当に終わってしまったと思ったものだ。薬で朦朧としたタイガーは、我々の思うタイガーではなかった。もう復活は無理だろう。タイガーさえそう思った時期だったに違いない。

しかし、タイガーは再生した。それもまったく新しいゴルフスタイルで優勝した。これまでのような他を圧倒する恐怖のゴルフではなく、他と共に生きようとする幸福のゴルフ。柔和で温厚な仏陀のようなゴルフになった。

タイガーは幼少の頃から仏教徒。タイ人の母、クルティダが仏教徒だったからだ。何度も膝を痛め、腰を痛め、手術を繰り返し、地獄を見たからこそ、得られた悟りのゴルフ。タイガーは新しく蘇った。そして、その新しい悟りのゴルフで'19年のマスターズを制した。11年ぶり、15度目のメジャータイトルだった。

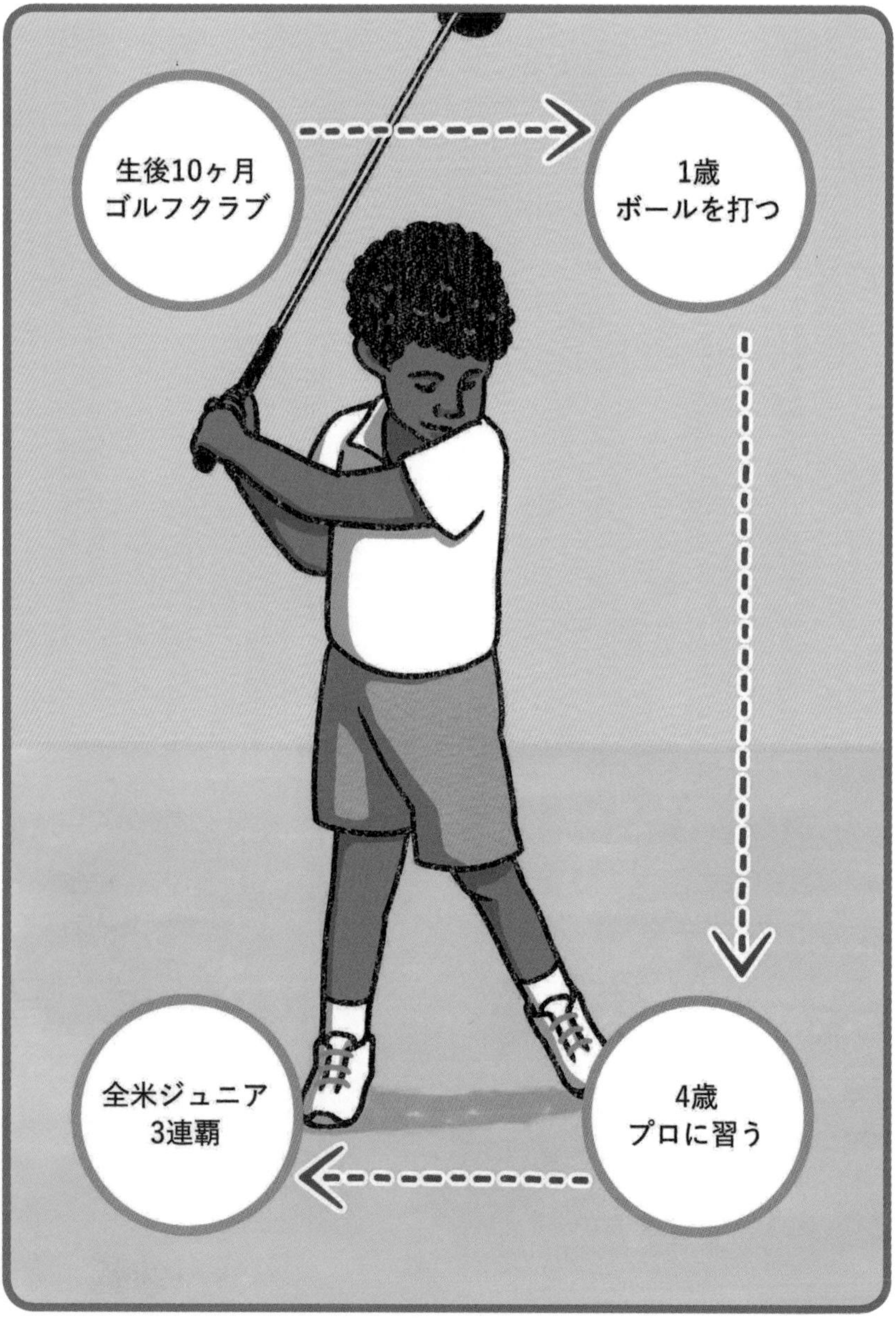
生後10ヶ月
ゴルフクラブ
1歳
ボールを打つ
4歳
プロに習う
全米ジュニア
3連覇

深いトップを作って
一気にダウンスイング
1回のスイングを60秒かけて、
1つ1つのスイングポジションを
確認しながら行う
スローモーション
ドリル

2

元グリーンベレーの父、アールが授けた相手を叩き潰すタイガーの格闘技ゴルフ

タイガーは生まれて間もなく、父、アール・ウッズからゴルフの英才教育を受ける。アールは元アメリカ陸軍特殊部隊グリーンベレーで、ベトナム戦争に2度従軍していた。ジャングルの中で過酷な任務を遂行できる、ただならぬ精神力を鍛え上げていた。子供のタイガーにも池の中に長時間浸け、首だけ出すことを許すという訓練を行ってもいる。

そうした訓練はアールがグリーンベレー時代に学んだルー・タイス氏が開発した成功法則によるものだ。苛烈な戦争を生き抜く精神的哲学。「目的はやり続けることで叶う」ものであり、そのためには「自分はナンバーワンで当たり前だ」という信念を強く持つこと。アールはタイガーにゴルフにおいていち早くその考えを植え付けた。

生後10カ月で子供用ゴルフクラブを与えて練習メニューを作り、1歳でボールを打たせ

た。4歳でルディ・デュランというプロに習わせたが、その時点で「身長を1m10㎝に縮めたジャック・ニクラウスがボールを打っているみたいだ」とルディを驚かせるほど上達していた。

しかもただ上手かっただけではない。すでにその頃から、タイガーはアールの教えによって、並外れた集中力と熱情を打球に込められるようになり、試合では相手を叩きのめすほどの強さを示すようになっていた。

「ただ勝てば良いわけではない。圧倒的な強さで叩きのめす。2度と這い上がれないほど叩き潰すのだ」

だからこそ、タイガーのゴルフは子供とは思えないほどの強靭な精神力の上に成り立っていた。ゴルフという静かなスポーツが炎のように燃えたぎるものに変わる。タイガーによってゴルフが格闘技になった。

「タイガーチャージ」は全米ジュニア3連覇のときにすでに行使されていた。圧倒的に飛ばし、ピンをデッドに攻めてパットをねじ込む。パー5ではイーグル奪取、それ以外ではバーディ。グリーンを外してもチップインバーディを奪う超攻撃的なゴルフで勝っていったのだ。

3

ブッチ・ハーモンの指導の下、世界一の飛距離と圧倒的な強さを手にした

全米ジュニア3連覇のあと、スタンフォード大学で全米アマ3連覇というタイガートリプルを達成し、卒業を待たずに'96年夏にプロに転向したタイガー。

トム・ワトソンなど歴代のチャンピオンを輩出してきたこの大学でも、タイガーほど練習する選手は見たことがないと言われるほどゴルフ漬けの毎日を送った。父から授かった相手を叩きのめすゴルフはプロになって益々攻撃力をアップさせ、トッププロを次々と撃ち倒した。この年早くも2勝を挙げ、翌年春にはマスターズを史上最年少で制覇。タイガー旋風が吹き荒れた。

ところがアールとタイガーはゴルフの歴史を変えるほどの強さはまだないと判断。そこで頼ったのがデービス・ラブ3世などを育てたブッチ・ハーモン。学生時代から習ってい

たが、彼の下で本格的にスイング改造に乗り出した。

タイガーは4歳のときにルディ・デュランから「ボールが止まるまでフィニッシュを取っていなさい」と教わり、バランスの良いスイングを手に入れた。10歳のときにはジョン・アンセルモから「ゴルフはターゲットゲーム。飛ばすことを考えてはいけない。強打とうとしないで、スイングするようにしなさい」と教えられ、ショットの精度を上げている。父、アールはその都度、タイガーに必要なコーチを付けている。

ブッチ・ハーモンも然りだ。彼は選手のスイング特性を変えることなく、さらに磨きをかけるコーチだ。「プロとして圧倒的な飛距離を手に入れたい」とするタイガーの要望を叶える指導を行った。

それは大きな筋肉を使うスイング。そのためにスローモーションドリルをやらせている。1回のスイングを60秒かけて、1つ1つのスイングポジションを確認しながら素振りを行うのだ。

具体的に指導したスイングはスタンスをややクローズにし、上体はスクエアというアドレスから、深いトップを作って一気にダウンスイング、大きなフォローでハイドローを打つというもの。これにより世界一の飛距離を手に入れることができたのだ。

4

左膝を故障、ハンク・ヘイニーをコーチにし、体の負担が減る一生活躍できるスイングに

タイガーはブッチから他の選手を恐怖に陥れるほどのショットを手に入れて勝利を積み重ねた。翌'99年には8勝、'00年にはメジャー3勝を含む9勝を挙げ、'01年のマスターズ優勝と合わせ、タイガースラムを達成した。

しかし、タイガーの格闘技ゴルフは多くの勝利と引き替えに自らの体を酷使することにもなっていた。特に地面を踏みつけて床反動をエネルギーに変える「シッティングダウン」は体にダメージが残る。

過酷なトレーニングによって筋力は鍛えているが、その桁違いの筋力に骨が付いていけない。強烈なスイングパワーを左膝が受け止めることになり、遂に痛みを発症。'02年、マスターズと全米オープンに優勝するものの、後に致命傷の1つとなる左膝に大きなダメー

ジを負ってしまったのだ。

　順風満帆だったタイガーのゴルフ人生。それだけに膝の故障は本人に大きなショックを与えた。

「僕はスイングを変えなくてはいけない。体に負担がかかりにくい、一生続けられるスイングを求めたい」

　そのためにタイガーはブッチと別れ、新たにハンク・ヘイニーをコーチに選んだ。兄のように慕っていたマーク・オメーラを成功に導いたコーチだった。

　具体的にはフラットなスイングで、トップはコンパクトなレイドオフ（スタンスとシャフトが並行）。オンプレーンなスイングで、ショットはより安定するはずだったが、ブッチ時代よりもテンポが速くなったため、ドライバーなど長いクラブが扱いにくくなった。猛練習を積んでもプッシュが出やすく、それを嫌がるとダッグフック、フェアウェイキープ率が大幅に落ちてしまったのだ。とはいえ、アイアンの精度がアップし、パーオン率はトップレベル。加えてアプローチとパットで勝利を積み重ねた。

　しかし、タイガーの「シットダウン」は直ることはなく、左膝は遂に'08年にパンク。4月に手術、全米オープンに膝の痛みを堪えて優勝するも、再手術を余儀なくされてしまった。

トップはコンパクトな
レイドオフ
体の負担を減らす
フラットな
スイング
ドライバーなど長い
クラブが扱いにくいが、
アイアンの精度がアップ

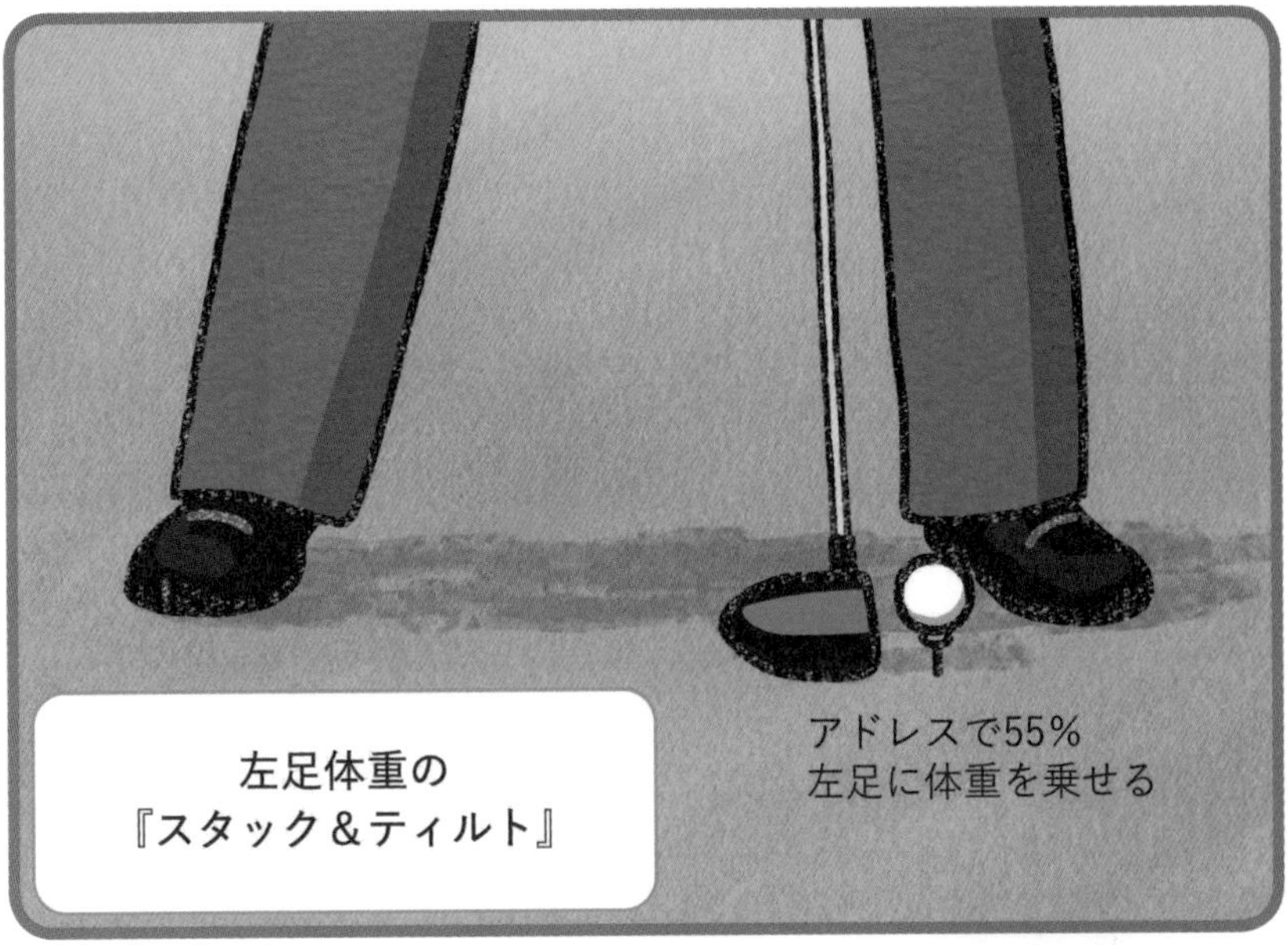
左足体重の
『スタック&ティルト』
アドレスで55%
左足に体重を乗せる

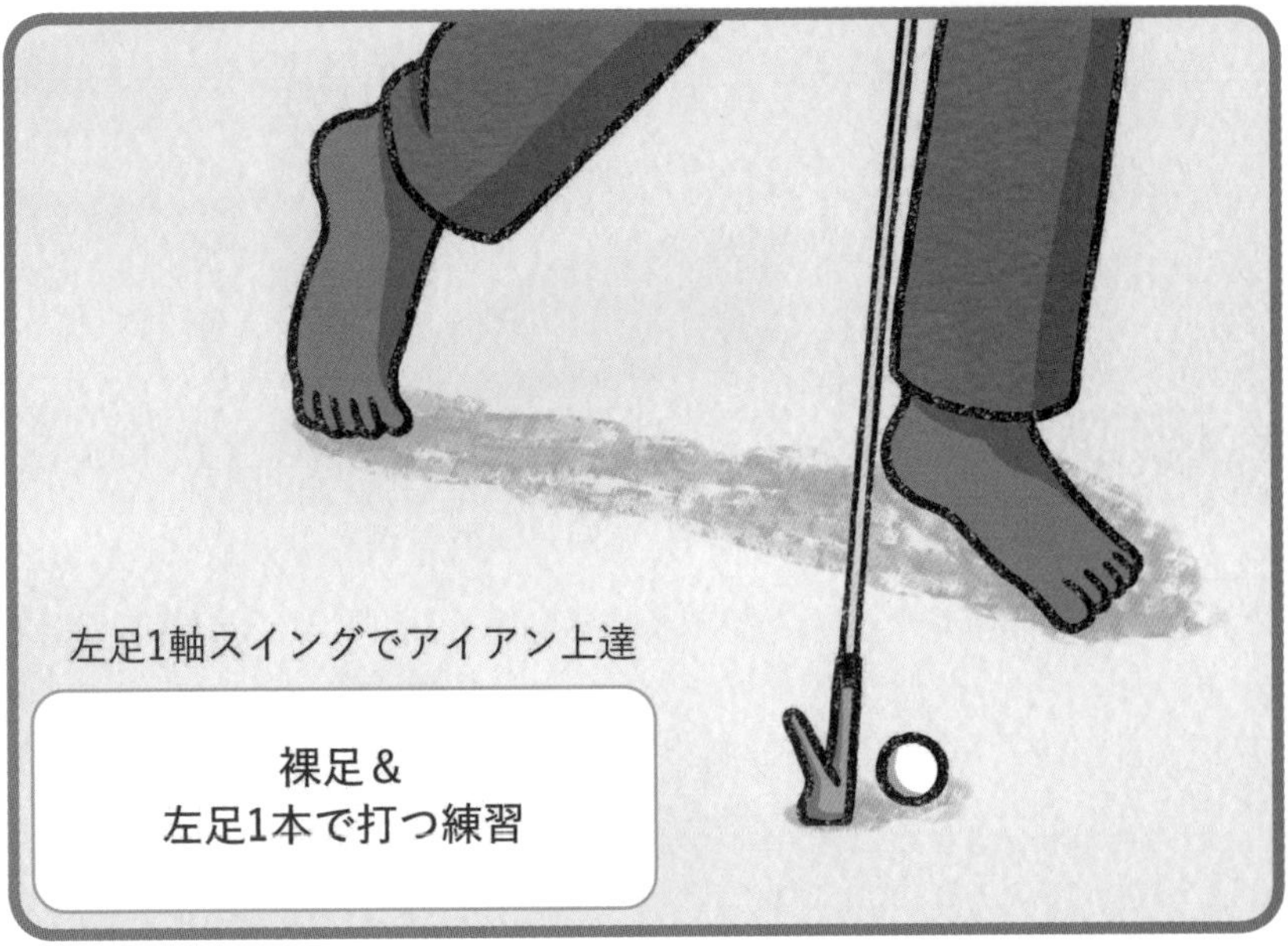
左足1軸スイングでアイアン上達
裸足&
左足1本で打つ練習

5

3人目のコーチ、ショーン・フォーリーの左足主体のスイングは体に優しい

タイガーは膝の故障が癒えた'09年に6勝を挙げる。とはいえ、メジャーは未勝利だった。秋には性依存症のスキャンダルが世間を騒がせた。翌'10年の5月にヘイニーを解雇、プロ転向後、遂に未勝利に終わってしまうのだ。

ここで新たなコーチとなったのが、タイガーと同世代のショーン・フォーリー。生体力学や神経科学を学び、体に優しいスイングでハンター・メイスンやジャスティン・ローズに優勝をもたらせていた。

ショーンの教えるスイングはその頃にもてはやされた、左足体重の「スタック&ティルト」に似たもの。アドレスで55％左足に体重を乗せ、そのままバックスイング、コンパクトなトップでそのまま左足に体重をかけて振り抜いていく。アップライトなスイングでパ

ワーフェードを打つ。

「右足から左足への体重移動が少ないから左膝への負担は少ない。自分のものにするには時間がかかるだろうけど、それはブッチのときもヘイニーのときも同様だった」

ショーンは裸足で走るベアランニングの推奨者でもあり、スイングも裸足で行うとバランスが取れると提唱。タイガーも行った。右足を後ろに下げてつま先立ちし、左足1本で打つ練習も行った。確かに左膝には優しいスイングだが、トップが浅い窮屈なスイングだった。それ故に依然としてドライバーが曲がる。アイアンはダウンブローにしっかりと打てるのでパーオン率は高かったが、タイガー本来のスイングとはかなり異なっていた。

タイガー本人が予言したように、このスイングはものにするのに時間がかかり、'11年も未勝利に終わり、'12年は3勝。しかし、天才のタイガーは遂にこのニュースイングをマスター、'13年には5勝を挙げて2年ぶりの世界ランク1位に返り咲いた。

ショーンの左足1軸スイングは、アイアンを上達させるには良いので我々アマチュアも取り入れたいが、ドライバーなど長いクラブには不向きかも知れない。それはタイガーも同様で、飛ばないスイングで飛ばそうとしたためか、今度は腰を痛めることになってしまったのだ。

6

腰痛が悪化、アプローチでもシャンクが。3度の手術も、回復は奇跡に思えた

タイガーは'14年、腰痛が悪化し、マスターズ、全米オープンを棄権、7月の全英オープンには出場したもの69位、8月の全米プロも棄権、遂に9月、腰を手術する決断を下した。この後、タイガーよりも若いクリス・コモを新たなコーチとして迎える。

クリスは生体力学の修士号を持つ。マスターズに優勝したトレバー・イメルマンを指導した実績を持ち、選手の体に合わせたスイングを提唱する。タイガーの大学時代のチームメイト、ノタ・ビゲイが紹介したコーチだ。

「これまでに習ってきたコーチたちの良い部分を残して、体に負担のかからないスイングを作りたい」

タイガーがクリスに依頼した要望だ。しかし、タイガーの腰は完全には良くならず、'15

年初頭からツアーに復帰したもののショットは右に左にと大きく曲がる。しかも神業だったアプローチはザックリやシャンクの連続。誰もが目を覆う悲惨なものだった。2月のフェニックスでは自己最悪の82を叩き、マスターズは17位タイ、その後のメジャーはすべて予選落ちを喫した。腰はいよいよ悪化し、8月に内視鏡手術を行い、11月に再手術まで行ったのだ。

クリスマス前の記者会見。

「1日10分、海辺を歩くだけ。家に戻ってソファかベッドで横になっている。バンカー越えのロブショットをやってみたら、腰に激痛が走ってそのまま地面に倒れた。携帯を手にできず、助けを呼べず、倒れ込んでいたところに娘が来てようやく助かった。妻と別れ、恋人とも別れ、今は2人の子供だけが生き甲斐なんだ」

腰の容態は翌'16年になっても回復しなかった。マスターズでのチャンピオンだけの食事会で、歩くことさえままならないタイガーはジャック・ニクラウスに漏らした。

「もう2度とプレーできないかもしれない」

誰もがタイガーのゴルフ人生は終わってしまったと思ったときだった。もう二度とあの勇姿は見られないと。

7

4度目のALIFの手術で腰痛が消えた。全盛期の飛距離が戻り、奇跡の復活

'16年は12月にようやく自ら主宰するヒーローワールドチャレンジに出場を果たした。翌年も1月末にファーマーインシュランスに出場。予選落ちをしてもファンはタイガーの姿を見られるだけで喜んだ。しかし、ドバイに向かった機中、腰痛が再びタイガーを襲った。クッションの役割を果たしている背骨の椎間板が損傷して神経を圧迫、激痛に苦しんだ。

そこで4月に4度目の手術。ALIF、腰椎前方椎体間固定術を施した。これは痛んだ椎間板を除去し、隙間に移植骨を含む人工の固定剤を挿入し、医療用ネジで固定する手術。執刀したリチャード・ガイヤー医師によれば手術は無事に成功、痛みがなくなるまでリハビリを行えば、半年後に普通の生活が出来、8カ月後に試合に復帰できると断言。タ

イガーはその言葉を信じ、懸命のリハビリに励んだ。

ガイヤー医師の言葉通り、タイガーは半年後の10月に60ヤードのチップショットが出来、その後、それを自身のSNSで公開。さらにドライバーとアイアンのフルショットを公開した。それはクリスが教えた綺麗なオンプレーンのスイングであり、「シットダウン」をしない無理のないものだった。こうして12月、1年ぶりとなるヒーローワールドチャレンジに出場したのだ。とはいえ、前年の前科があるだけに本当にプレーできるとは誰も思っていなかった。

ところが、飛距離は若い選手に負けることのない300ヤード。ヘッドスピードも57㎧と全盛期と変わらない。初日のスタートホールでいきなりジャスティン・トーマスをアウトドライブ。世界一の飛ばし屋、ダスティン・ジョンソンをアウトドライブすることもあった。4日間のうち3日間を60台で回り、9位タイ。ショートゲームに実戦の勘が戻れば優勝争いもできたほどだった。

「腰は痛くないし、思ったよりも良いゴルフができたよ」

笑顔で答えるタイガー。翌'18年も1月からのツアーで復活プレーを随所に見せつけていくことになったのだ。

オンプレーンの
スイング
これまでのコーチから
学んだ長所を取り入れた、
体に優しいニュースイング

子供の頃のような
スムーズなスイング
パワーを体に残さずに
打球に放出するスイング

8

求めてきた体に優しいスイング。腰を痛め、地獄を見て、遂に手に入れた

'18年、ツアー復帰戦となった1月末のファーマーインシュランスこそ23位タイだったが、2月のホンダクラシックでは12位、3月のバルスパーチャンピオンシップは優勝争いに加わり2位。さらにアーノルド・パーマー招待で5位タイとなり、タイガーの再生に疑いを持つ者は皆無となった。

かつてのコーチ、ブッチが言う。

「本当に信じられない。上下動がなくなり、かつて無いほどスムーズにスイングしている。しかもインパクト後に頭を自然に上げて、体の負担を軽減している。それでいてもの凄く飛ばしている。驚きの完全復活だ」

クリスとのコーチ契約は'17年末に終了したが、スムーズなスイングはできあがってい

る。ダウンスイングで体が沈み込むこともないし、右足かかとが早く上がることもない。「僕が子供の頃に父から習ったスイングが蘇ったような気がする。無邪気にクラブを振ったときのスイング。だから自然にスムーズに振れる。無理に飛ばそうともしないし、パワフルに振ろうともしていない。楽に振ることだけを考えている。それでいてヘッドが速く走る。不思議なんだよ」

膝を痛めたときから求めていた体に負担のないスイングが、腰を痛め、もはやゴルフはできないという地獄を見てから、ようやく楽に振ることを覚え、できあがったのだ。

他の選手を叩きのめすことなどしない、人と争わないスイング。他人がいくら飛ばそうが関係ないと、自分は自分と割り切れるスイング。遂にそうしたスイングを行うことができるようになった。これはタイガーの心がそうなったからに他ならない。悟りの境地を手に入れたのだ。

7月の全英オープンでは最終日のハーフターンで首位に立った。結局、6位タイに終わるが、その後の全米プロでは現王者ブルックス・ケプカに肉薄する2位。そして遂に最終戦で涙の復活優勝。かつての王者が堂々のプレーをゴルフファンに見せつけ、全米を熱狂させたのだ。さらに'19年のマスターズにも優勝してしまったのだ。

Harry Penick

付録

レッスンの神様ハーヴィー・ペニックが遺したラウンド心得9箇条

アメリカで初めてゴルフ教師となったハーヴィー・ペニック。
トム・カイトやベン・クレンショーなど
多くのトッププロを育てるだけでなく、
初心者やアベレージゴルファーまで
やさしく温かい教えで上達させたレッスンの神様。
90歳で亡くなってから22年が経つが、
未だに彼の遺した言葉は
世界中のゴルファーのバイブルとなっている。
アマチュアがラウンドする上で
最も大切にして欲しいと彼が考えていたことを贈る。

Harvy Penick

1904年10月23日生まれ。1995年4月2日逝去。バイロン・ネルソンらとツアープロとして活躍した後、全米初のティーチングプロとなる。テキサス大のゴルフ部コーチを長く務め、20回もの全国優勝を成し遂げる。レッスンの神様としてトム・カイトやベン・クレンショーなど、数多くのトッププロを育てた。『ハーヴィー・ペニックのレッド・ブック』(日経ビジネス人文庫)はレッスン書として世界最高部数を記録したと言われている。

1

ラウンドする上で最も大事なことはゴルフを楽しむこと

ゴルフはクラブでボールを打つだけのとても単純なスポーツ。一見、簡単そうに見えるが、ボールを芯でとらえ、目標に飛ばすことはとても難しい。それは初心者でも上級者でも、レベルに違いはあれど、同じだ。

ペニックさんは言います。

「コースに出て、毎回ナイスショットが打てればいいのですが、そんなことはプロでもできません。ミスが続けば悲しくなるし、ひどいミスが出れば自暴自棄になることもあるでしょう。『何で上手く打てないの?』と嘆き、プレーが嫌になってしまうこともあると思います。私はそうしたゴルファーを見るのが一番辛いのです。いつでも笑顔でプレーして欲しい。コースに出たら、最後までそのことを誓って、プレーを続けて欲しいのです」

ペニックさんはゴルフに悩む人を手助けしたいと、死ぬまでゴルフ教師を務めた。

「私はゴルフを『教える』と思って人と接したことはありません。『指導する』といった気持ちもありません。ただ、困っている人、迷っている人を助けたい。そうした気持ちだけでゴルファーと接してきました。少しでも笑顔でプレーしてもらいたいと思ったのです」

ナイスショットが打ちたい、良いスコアで上がりたいと思えば、緊張して体が硬直してしまう。それでミスショットをすれば、怒ったり、落胆したり、後悔することもある。でも、それは仕方ないこと。それがゴルフだから。

「ゴルフは楽しいスポーツですよね。ナイスショットが出たときは、気分が高揚しますし、ベストスコアが出たときはとてもうれしい。でも、そういうことはとても少ない。だから、それをわきまえて楽しくプレーして欲しいのです。ミスショットが出ても、大叩きをしても、ゴルフである以上、起きうることなのです。でも、それも自分にとって必要な経験だったと思って欲しい。あなたを人間的に成長させてくれる大事な経験だったのです。だから、そうしたこともすべて含めてゴルフを楽しんで欲しい。そう願っています」

コースでラウンドするときの最も大事な心得。それは「ゴルフを楽しむこと」。ペニックさんの声が今も天国から聞こえます。

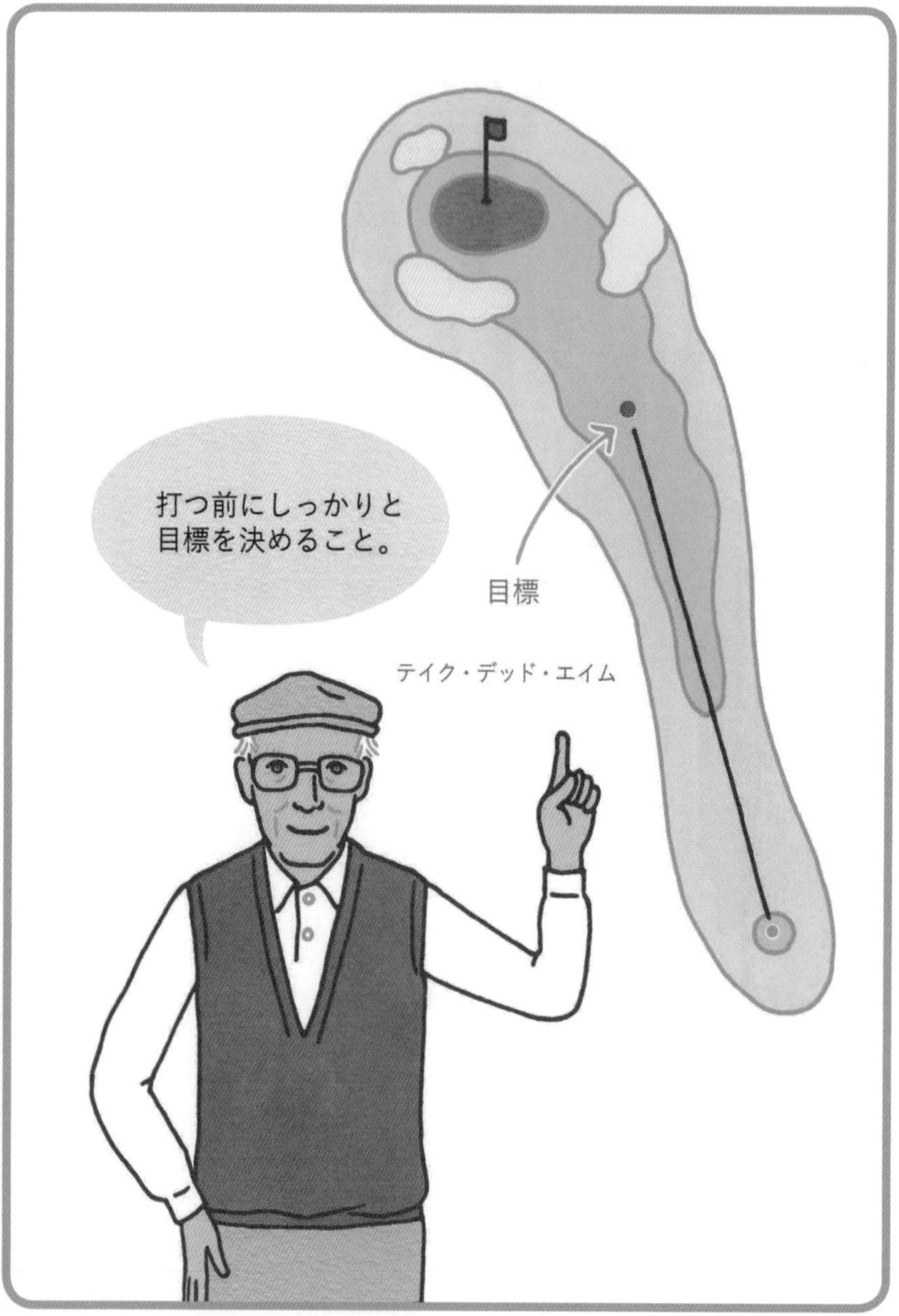
打つ前にしっかりと
目標を決めること。
目標
テイク・デッド・エイム

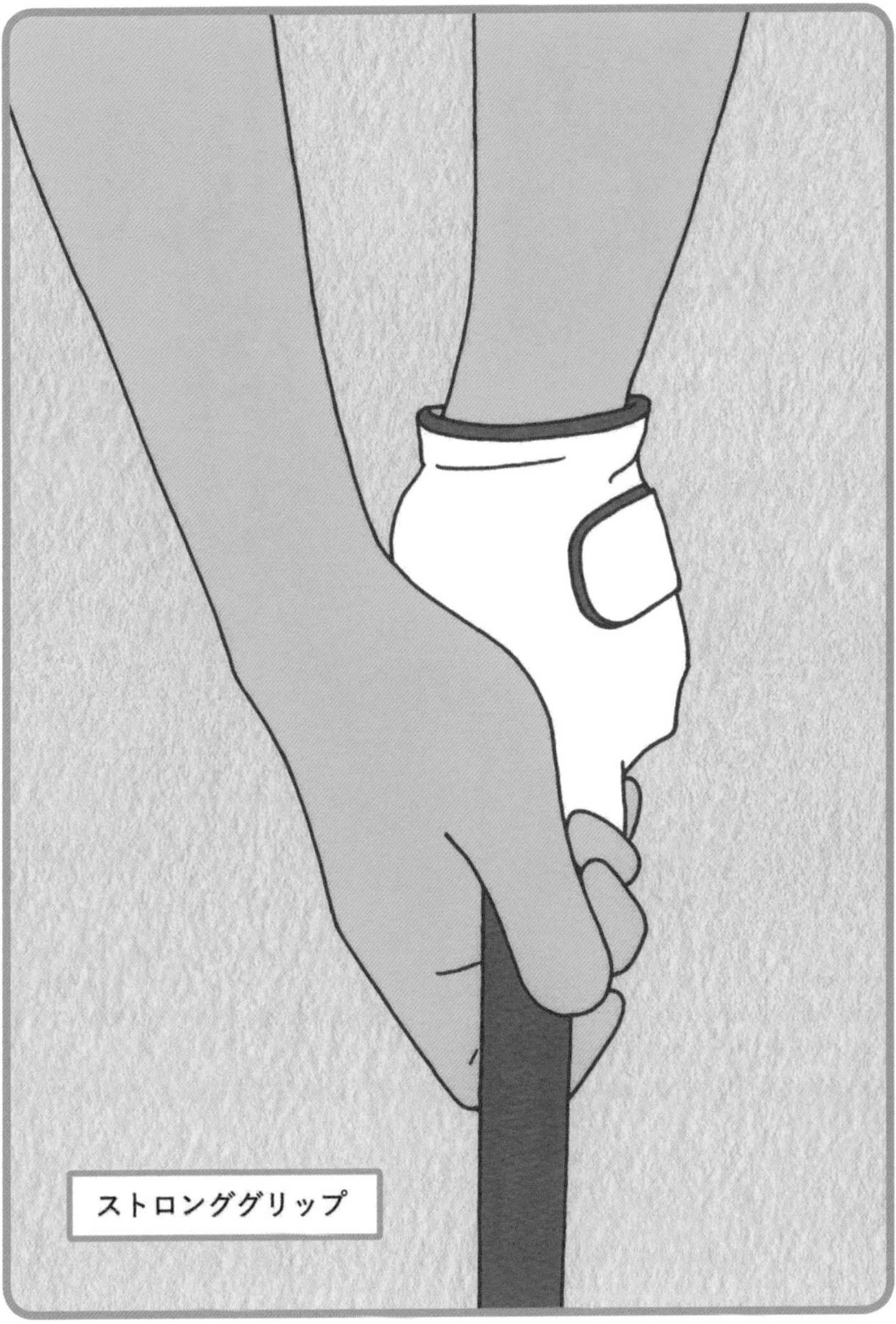
ストロンググリップ

2

「テイク・デッド・エイム、死ぬ気で目標を定めよ！」

コースでプレーするとき、スイングのことをあれこれ考えてしまうことは多いもの。特にスイングを改造しているときや、レッスンプロから習ったときなど、気になっていることが頭から離れなかったり、習ったポイントにこだわってしまったり。それでミスショットが出たりすれば、尚かつスイングが不安になってしまうことだろう。

ペニックさんは言います。

「コースではスイングのことを考えてはいけません。スイングを考えるのは練習場です。練習場ではいくらでもスイングを考えたり、試したりしてみてください。しかし、コースでは考えない。さらにいえば、スイング以外のことも考えない。ボールを飛ばしたい、上手く打ちたいといったことや、ミスするのではないか、林や池、ＯＢに行ったらどうしようとか。さらに、お昼は何を食べようかといった、余計なことは一切考えてはいけません。すべてを忘れて、ボールを打つことに集中することです」

お昼のことまでは考えなくとも、上手く打つために、スイングの細かな部分は気になるものだ。アドレスやグリップが正しくできているか？　トップがいつもと同じ所に上がっているか？　インパクトの形はしっかりできているか？　フォローでは腕が伸びているか？　フィニッシュはバランス良くできているか？　しかし、ボールを打つときは、一切そういったことは頭から忘れ去ること。ボールを打つことだけに、思いを1つにすることだ。

「打つ前にしっかりと目標を決めること。アドレスしたら、その目標に打つのだと強く自分に言い聞かせることです。『テイク・デッド・エイム（死ぬ気で目標を定めよ）』と言い聞かせる。そうしてからしっかりとボールを打ち抜きます。たったそれだけで、どれほど、目標にボールが飛んでくれるか、アマチュアの皆さんはびっくりするはずです」

目標はアバウトにはしない。たった1点を決めること。ライフルで狙いを定めるように、的を絞る。アドレスして、その目標を一度だけ見る。そして自分に言うのだ。

「テイク・デッド・エイム」

後は思い切り打つことだけだ。

3

ミスショットが出ても気にしない。続けて出たら、アドレスをチェック

ボールを打つこと以外一切考えない。

狙いを定め、集中してボールを打ったとしても、ミスショットは出てしまうもの。

ペニックさんは言う。

「当然、ナイスショットを期待しているわけですから、ミスショットが出たら、がっかりすることでしょう。でも、そのミスショットはサッと忘れてしまう。気にしないことです。そうして、次のショットに集中する。同じように目標を決めて、そこに打つことだけを考えてクラブを振る。それがあなたがしなければならないことです」

これはゴルフではミスショットが出るのは仕方がないこと。特にアマチュアであれば、たくさん出るのは当然のことだとペニックさんが思っているからだ。

「平均スコアが90くらいのボギーゴルファーであれば、1ホール1回以上はミスショットが出るわけですから、いちいち気にしていても仕方ないです。それだけの練習しかしていないし、それが実力だからです。それをなぜミスショットが出たのかと気にしては、あなたのゴルフをますます悪くしてしまうだけです。とにかく、次のショットに集中する。死ぬ気で狙いを定めて打つことです」

確かにミスショットが出なければ、パープレーで上がれてしまうだろう。だからミスショットは出て当たり前。迷ったり悩んだりしてはいけないのだ。

「そうはいっても、連続してミスが出たら、グリップとアドレスをチェックしても構いません。私が勧めるストロンググリップになっているか。スタンスの向きだけでなく、腰や肩の向きもチェックすることです」

つまり、どう振るこう振るといったスイングについてはチェックしないし考えない。打つ前のことだけはチェックしても良いと言うことなのだ。

ペニックさんはスクエアグリップはスライスを生み出すだけだと、アマチュアには勧めない。左手の親指と人差し指のV字が右肩を向き、左手甲のナックルが3個見えるストロンググリップを勧める。ボールを強く叩け、ドローボールが打てるグリップだからだ。

4

枝の長い草刈り鎌で草を刈るようにティペッグを刈り取る

ペニックさんが言う。

「ボールを上手く打てない人というのは、クラブでボールを叩きつけにいってしまう。飛ばそうと思っているのか、強く打たないと飛ばないと思っているのか。とても多いのです」

確かにその通りである。思わず力が入って、リズムを壊したスイングになってしまう。

「ドライバーではチョロになったり引っかけたり、アイアンではトップやダフリになることも多い。ボールの手前の土を深く取るといったことにもなります」

ディボット跡を見ればそういうことになっている。

「もっともっと力を抜くことです。自分が思っている半分くらい。それにはまずグリップの力を抜くことです。サム・スニードは手の中に生きた小鳥がいるくらいの握りと言っています。そんな柔らかい握りを変えずに、スイングを最後まで行うのです。そうすれば、腕にも肩にも力が入りません。柔らかいグリップのまま、フルスイングを行うことです」

これは練習のときから注意して習慣になるまで行うこと。そしてその練習のスイングでコースでもボールを打つことだ。

「練習では長い柄のついた草刈り鎌で草を刈り取るようにスイングします。実際に私は草刈り鎌を振る練習をさせています。草刈り鎌は重いので、自分の力ではどうしようもないので、草刈り鎌に振られるようなスイングとなります」

日本なら竹ぼうきを振る感じ。力の入らないスイングになるというわけだ。

「この草刈り鎌スイングができたら、7番アイアンを同じように振ります。それもティを低く刺して、そのティを刈り取るような素振りをさせます。そうすると、ヘッドが低いところから入って薄く長いターフが取れるようになります」

つまりは長く低いインパクトゾーンを作ることができるため、方向も良く、飛距離も出るスイングになるというわけだ。

「私はこの練習を誰にでも行い、すべての人が上手く打てるようになっています。本当にこの練習だけでもよいと思うくらいです」

草刈り鎌スイング

ベンチの下をボールが
通過するように

5
しっかり芝に触れる素振りをして その素振りのスイングを実行する

素振りはとてもスムーズで良いスイングなのに、いざボールを打つとなると、ぎこちないバラバラなスイングとなってしまう人は結構多い。コースに出たときに上手く打てなくなってしまう人の悩みでもある。

ペニックさんもそういうアマチュアをたくさん見てきた。

「ボールがあると、上手く当てたいと思って体が硬直してしまうのでしょうね。無意識のうちに、真っ直ぐ飛ばしたい、フェースをスクエアな向きでボールに当てたいと思ってしまうわけです。それで、体が動かなくなって、自由に振れなくなってしまうのです」

まさに、それがコースで上手く打てなくなってしまう原因。ではどうすれば良いか。

「打つときに、ボールはどこに飛んでもいいと覚悟してスイングすることです。しかも、フェースをボールへ真っ直ぐに当てようなんて考えない。良いスイングをすれば、自然にフェースはスクエアに戻るもの。そう思って思い切ってクラブを振ることです」

そう言われても、とんでもないところに飛んでいっては困るし、不安なもの。そこでさらにペニックさんは良い方法を教えてくれる。

「ボールを打つ前に素振りをしますよね。そのときに練習でやってきた草刈りスイングを思い出すのです。ティを刈った素振りをし、ボールがティアップされていたら、この素振りと同じように、ボールを打とうとせずにティを刈り取ります。そうすれば力むことがなく、ナイスショットになります。それは地面にあるボールでも一緒です。素振りでタンポポや草を刈り取って、その素振りと同じように、ボールの下にある草を刈り取るつもりで打ちます。薄く長いターフが取れ、ボールは良い当たりで飛んでいくことでしょう」

ボールを打とうとしないからトップにはならず、ダフっても深い穴を開けずにソールが芝を滑ってそこそこの当たりになってくれる。ひどいミスショットにはならないというわけだ。

「素振りはクラブが空中を通過するものではいけません。ちゃんと地面に触って草を刈り取ること。実際にボールを打つときと同じ素振りをすること。とても大事なことです」

6

60ヤード以内は3打以内、グリーン周りからは2打であがる

ペニックさんは言う。

「スコアはショットが良くても縮まるとは限りません。それに普通のアマチュアであれば、ショットが良いといってもパーオン率はせいぜい3割くらいでしょう。つまり、スコアを良くするにはそこからが大事なわけで、しっかりとボギーオンして、パーを取ること。つまり、アプローチとパットに磨きをかけることなのです」

古くから言われるように、スコアメイクのカギは寄せとパットなのだ。

「しかし、私はアプローチとパットの練習をしっかり行っているアマチュアを見たことがありません。せいぜい、ラウンド前の10分が良いところでしょう。大抵はドライバーばかりをフルスイングして、それも飛ばそうとしてミスショットばかり。そもそもドライバーは

ラウンド中に打つ回数が少ないし、力まずに振ってそこそこ当たってくれればいいわけです。それよりもスコアに直結するアプローチとパットの練習をたくさんして欲しいのです」

であれば、どれくらい練習すればいいのだろう。

「もしも5日間連続で練習するとして、その90％をアプローチとパットに当てたなら、スコアは5つは縮まります。つまり、90が85のスコアになれるのです。もしも、1人でコツコツ練習できないというのなら、友達を呼んで、グリーン周りから何打でカップインできるかを競ってみてください。1回毎に10セントで構いません。僅かでも賭けることでゲーム性が高まり、楽しみながら上達できるのです」

日本ならば、1回の勝負が10円といったところ。ラウンドしないで1日中やれれば最高の練習かもしれないが、ラウンド後に1時間じっくり遊んでもいい。

「アマチュアがコースでプレーしたら、その半分が60ヤード以内の距離です。つまり、60ヤード以内を徹底的に練習することです。そして、60ヤードからは3打以内、しかもグリーン周りからは2打であがれるようになることです。どんなゴルファーでも必ずできるようになることなので、練習をしっかりと行って欲しい。そして、もしもそうなれば、それだけでシングルハンデになれるのです。私が保証しましょう」

7
アプローチは可能であれば、チップショット、転がして寄せる

トーナメントを見ると、プロたちはサンドウェッジでアプローチを行うことが多い。しかし、ペニックさんは「チップショットで寄せることができるのであれば、アイアンを使って転がしなさい」と言う。

「パットがやさしいように、ボールを転がすのが一番やさしいわけです。ザックリやトップがないので、ミスなくピンに寄せられます。しかもロフトが立っているので、方向が安定する。カップを狙って転がせば、チップインも大いにあり得ます」

サンドウェッジのアプローチは練習量の少ないアマチュアには難しい。大きなミスを犯さなくても、フェースの入り方でスピン量が変わってしまうから、転がり過ぎたり、転がらなかったりしてしまう。チップショットができるのであれば、それで寄せることだ。

「何のクラブを使えばいいのかは、ピンまで下手投げでボールをトスするように投げて、そのボールの高さと転がりをイメージします。その球が出るクラブを選べば良いわけです。低く転がすほうが寄りそうなら、3番でも5番アイアンでも構わない。少しだけ上げて転がすなら7番や8番アイアン。イメージが湧かないのであれば、練習でいろいろなアイアンを使ってボールを転がしてみればいい。コースに出たら自然にイメージが湧いて、的確なクラブを選択できるようになりますので」

打ち方はパターのようでいいのだろうか?

「そういうレッスンがよくありますが、チップショットとパッティングは違います。チップショットはアイアンショットの小さいもの。とはいえ、打つ距離が短いので、スタンスは両足を揃えてもいいほど狭くし、やや左足体重にして、小さくスイングします。ボールの位置は右足前でも真ん中でも打ちやすいところで構いません」

ペニックさんが教える独自の練習法がある。

「グリーンの手前にベンチを置いて、その下をボールが通過するように打つこと。またはキャディバッグを置いて、その上を越えるように打つこと。やってみてください」

サンドウェッジなどでボールを上げるのは、バンカー越えなど特殊な場合だけだ。

きちんと
カップインさせます
○

8

カップにスルッと入るような絶妙なタッチでパットを打つこと

ペニックさんはパッティングについて次のように言う。

「パットの諺に『ネバーアップ・ネバーイン（届かなければ入らない）』というのがあります。そこでパットを強く打つ人が多いのですが、その一方で、『オールウェイズアップ・ネバーイン（通り過ぎたパットはいつも入らない）』という諺もあります。つまり強過ぎるパットは入らないということです。通り過ぎたパットの返しは入らないことも多いので3パットも多くなります。私は絶妙なタッチでカップにスルッと入るパットが好きです」

確かに上りのパットは土手に当てるくらい強く打てとか言いますが、カップに蹴られることも多いもの。カップの縁を狙ったパットも強いとそのまま通り過ぎてしまう。やはり大切なのは、ジャストタッチなのだ。

「ジャストタッチのパットは入り口が4方向もあります。正面や左右、真後ろから入ることもあります。ところが強いパットは入り口が正面しかなく、それも狭くなってしまうことがほとんど。ですから、まずは練習でタッチを養うこと。タッチが良くなれば、ラインも正確に読むことができます。つまり、ラインに乗せるだけで入れることができるのです」

方向性について、ペニックさんはどう言っているのでしょうか？

「3、4フィート（約1m）のパットを外すとショックが大きいですよね。ですから、この距離を普段からしっかり練習しておくことです。ところがアマチュアはほとんどこの距離をやりません。しかし、この距離に自信が持てれば、外すことはほとんどなくなり、ロングパットでも方向性が良くなります。1パットが増えて、3パットが激減します。パット数が減れば、スコアは簡単に縮めることができます。ラウンド前は特に3、4フィートを練習する。それだけをしっかり沈めて、スタートしてもいいくらいです」

ペニックさんは「恐怖の4フィート」と言う。それだけ恐ろしい距離と言うことなのだ。

「もう1つ、ショートパットで自信を付けるためには、普段からパットをOKしないこと。一緒に回っている人がOKをくれても、『きちんとカップインさせます』と言ってショートパットを入れる習慣を身に付けることです」

9

スコアを良くするには、ナイスショットよりミスを少なく

ゴルファーは誰でもナイスショットを求める。クラブの芯でボールをとらえ、快音を発して勢いよく飛んでいくボールを見るのはとても気持ちの良いもの。しかし、ペニックさんは「ナイスショットはほとんどスコアの役に立ちません」と言う。

「例えば、あるパー4でナイスショットが出て、フェアウェイセンターに飛んだとします。すると、普通のアマチュアはセカンドショットでもナイスショットが出ると思ってしまう。打つ前から『バーディだ』とピンをデッドに狙ったりするのです。しかし、その結果はどうでしょう。チョロや大ダフリなどミスをして大叩きになってしまいます」

確かにそういったことはよく起きてしまうものだ。

「普通のアマチュアの場合、ナイスショットが続くということはほとんどありません。1

ホール、1回も出ないことさえあるでしょう。ですから、大きなミスショットをせずに、そこそこの当たりをつなげていくことが大事なのです。スコアを良くしようと思ったら、ミスショットの数を減らすことです」

確かにその通りで、ミスの数だけスコアを悪くしてしまうのは明白。

「ミスショットをしないためには、やろうとすることを明確にする。曖昧なまま打ってはいけません。目標をきちんと決めて、狙いを付けてしっかり打つ。不安な気持ちを払拭し、必ず上手く打てると自分を信じる。常にポジティブシンキングでプレーすることです」

ペニックさんは続けます。

「打つことに集中して、打ち終わった後もボールがあったところを見ておくこと。そうすればスイングで大事なポイント、ヘッド・ビハインド・ザ・ボールになっているはずです。ボールはミスなく上手く打て、フィニッシュも決まっていることでしょう」

さらに次のように言う。

「練習していないクラブは使わないこと。苦手なクラブ、自信のないクラブも使わない。得意なクラブ、好きなクラブでプレーしていく。それでもゲームを組み立てられ、良いスコアであがれるのです。要はいかにしてミスを減らすか。それを考えてプレーしてください」

本書は『書斎のゴルフ』（前・日本経済新聞出版社刊、現・日経BP）の連載原稿を収録して加筆修正、またアーノルド・パーマー選手の原稿を追加してまとめたものです。

本書STAFF

文●本條強
編集●オフィスダイナマイト
カバーデザイン●山田康裕
本文デザイン●ヤマダジムショ
カバー・本文イラスト●サイトウトモミ

本條強（ほんじょう・つよし）

1956年生まれ。武蔵丘短期大学客員教授、前『書斎のゴルフ』編集長、「書斎のゴルフWEB」編集長、関東ゴルフ連盟広報委員。

成城大学卒業後、出版社に勤務。ゴルフやテニス雑誌の編集と記者を経て、スポーツライターに。『ナンバー』『ターザン』『ポパイ』など多くの雑誌に執筆。

1987年、編集事務所オフィスダイナマイト設立、『BAFFY』『書斎のゴルフ』『ゴルフエイジ』などのゴルフ雑誌他、『F1グランプリシーン』『クレイジーバス』『ル・シェフ』『パラディ』『夢田舎』など、あらゆるジャンルの雑誌やムック、書籍などの編集長となる。

ゴルフ季刊誌『書斎のゴルフ』は1999年から20年以上続け、編集長を務めた。

著書に『90を切る！倉本昌弘のゴルフ上達問答集』『中部銀次郎 珠玉の言霊』『中部銀次郎　ゴルフの要諦』『トップアマだけが知っているゴルフ上達の本当のところ』（以上日経プレミアシリーズ）、訳書に『ゴルフレッスンの神様ハーヴィー・ペニックのレッド・ブック』（日経ビジネス人文庫）などがある。

書斎のゴルフWEB　http//:書斎のゴルフ.com

伝説のプレーヤーが直伝 ゴルフの真髄

2021年5月21日　1版1刷

著　者　本條強

構　成　(株)オフィスダイナマイト

発行者　白石賢

発行所　日経BP　日本経済新聞出版本部

発　売　日経BPマーケティング
〒105-8308
東京都港区虎ノ門4-3-12

印刷・製本　三松堂株式会社

ISBN978-4-532-17707-2
Printed in Japan